混合所有制增量配电公司：
政策、组建与案例

《增量配电混合所有制改革政策研究与公司组建》课题组　编著

中国电力出版社
CHINA ELECTRIC POWER PRESS

内 容 提 要

本书以电力体制改革为背景，以安徽宁国经济开发区河沥园区增量配电业务试点为主要案例，研究分析增量配电改革政策，探索电网企业参与改革的路径，提出混合所有制增量配电公司组建、运营与治理的思路和观点，为探索电力市场新模式提供政策依据和方法指导。

本书可作为高等院校科研的参考书，也可为政府工作人员、企业管理人员提供借鉴。

图书在版编目（CIP）数据

混合所有制增量配电公司：政策、组建与案例 /《增量配电混合所有制改革政策研究与公司组建》课题组编著. —北京：中国电力出版社，2020.2
ISBN 978-7-5198-4315-1

Ⅰ. ①混…　Ⅱ. ①增…　Ⅲ. ①混合所有制–电力工业–工业企业管理–研究–中国
Ⅳ. ①F426.61

中国版本图书馆 CIP 数据核字（2020）第 026422 号

出版发行：中国电力出版社
地　　址：北京市东城区北京站西街 19 号（邮政编码 100005）
网　　址：http://www.cepp.sgcc.com.cn
责任编辑：孙世通（010-63412326）　王晓蕾　马雪倩
责任校对：黄　蓓　郝军燕
装帧设计：张俊霞
责任印制：钱兴根

印　　刷：三河市百盛印装有限公司
版　　次：2020 年 4 月第一版
印　　次：2020 年 4 月北京第一次印刷
开　　本：710 毫米×1000 毫米　16 开本
印　　张：9.5
字　　数：162 千字
定　　价：46.00 元

前　言

　　党的十八届三中全会《关于全面深化改革若干重大问题的决定》指出，要积极发展混合所有制经济。党的十九大报告进一步强调，"深化国有企业改革，发展混合所有制经济，培育具有全球竞争力的世界一流企业"。上述战略部署凸显了新时代我国发展混合所有制经济的重要意义和作用，为今后一个时期国有企业的发展指明了方向。2015 年 3 月，为落实《关于全面深化改革若干重大问题的决定》，中共中央、国务院发布了《关于进一步深化电力体制改革的若干意见》（中发〔2015〕9 号）（以下简称"《9 号文件》"），成为新一轮电力体制改革的纲领性文件，拉开了进一步深化电力体制改革的序幕。增量配电业务改革是《9 号文件》明确提出的改革任务之一，其目的是鼓励引导社会资本投资配电业务，促进配电网建设发展和提高配电运营效率。

　　2019 年 1 月，国务院国有资产监督管理委员会（以下简称"国资委"）明确了含国家电网有限公司在内的 10 家企业为创建世界一流示范企业，入选的企业将在未来 3 年左右的时间，有针对性地铺开包括混合所有制改革在内的多领域综合性改革举措，重点探索培育具有全球竞争力的世界一流企业的有效途径。随着国家电网有限公司全力打造"能源互联网"企业，加快实现世界一流能源互联网企业建设战略目标，发展混合所有制经济的战略意义日益凸显。

　　截至 2019 年 6 月，国家发展改革委员会（以下简称"国家发展改革委"）、国家能源局已批复增量配电 4 批试点共 404 个项目，其中，第一批 106 个，第二批 89 个，第三批 97 个，第三批增补 28 个，第四批 84 个；国家电网有限公司经营区内 328 个，中国南方电网公司经营区内 62 个，蒙东电力公司经营区内 14 个。当前，国家电网有限公司正在探索以混合所有制方式开展增量配电投资业务，引导社会资本投资增量配电业务，发挥省公司、地市（县）公司增量配电市场竞争主体责任，推动增量配电试点项目落地。

　　增量配电业务改革以来，一系列法规政策陆续出台，一系列改革举措相继落地。改革从顶层设计政策出台到配套文件落地，再到局部试点先行，改革进程和推进速度超出预期。国家电网有限公司作为中央直属企业，是电力体制运行中的输电、配电、售电三个环节的责任主体，承担着落实国家法规政策，推动增量配电混合所有制改革的重大使命。但是，从宏观层面的电力体制改革的背景分析，如何围绕国家电网有限公司的三大战略任务，完成电力体制改革工作，构建能源互联网，推动重大项目落地；如何围绕打造"能源互联网"创建世界一流能源互联网企业的战略核心并充分考虑我国能源革命及电力体制改革的战略环境，探索国有企业混合所有制改革和国家电力体制改革；如何通过混合所有制改革，推动电力体制改革，探索电力市场新模式，提高电力资源配置效率等，有待进一步深入研究。从微观层面的混合制公司组建与运行来看，现阶段是电网企业战略转型和改革发展的关键时期，电网企业如何抢抓混合所有制改革机遇，做好国家电网有限公司增量配电项目混合所有制企业组建工作，健全公司体制，提升组织效率，完善激励机制，探索混合所有制公司组建模式，为增量配电项目改革落地起到支撑和保障作用，也是有待解决的问题。

为积极探索增量配电混合所有制改革的政策、路径与方法，国网安徽省电力有限公司开展了"增量配电混合所有制改革政策研究与公司组建"的课题研究，本书是课题研究的成果之一。

全书共分 9 章，由胡峰任主任的专家委员会指导把关，李晓、张立刚、吴慈生负责整体思路设计和框架内容体系，吴慈生、张立刚主持课题研究。本书内容撰写分工为，前言：吴慈生、张立刚、曹建巍；第 1 章：张立刚、曹建巍、李力；第 2 章：李晓、张立刚、曹建巍；第 3 章：吴慈生、李晓、曹建巍；第 4 章：张立刚、刘莉、李志政；第 5 章：吴慈生、张立刚、曹建巍、陈昊宇；第 6 章：曹建巍、张立刚、何文涛；第 7 章：曹建巍、吴慈生、胡正；第 8 章：吴慈生、苗根地、赵旭阳；第 9 章：张立刚、李亚坤、李晓；后记：李晓、吴慈生。曹建巍在课题研究报告总结与书稿整理中承担了大量工作，全书最后由张立刚、吴慈生修改定稿。课题组全体成员协同配合，对书稿大纲、结构、内容、案例等多次进行研讨，对本书的完成做出了积极贡献。

课题研究过程中，国家电网有限公司人力资源部陈春武，安徽大学吴成颂教授，合肥工业大学梁昌勇教授、倪志伟教授、李兴国教授，安徽电力交易中心有限公司董晨景，国网安徽经济技术研究院陈煜，国网安徽省电力有限公司蒯圣宇等专家学者为项目开题、中期评审和结题提出了许多宝贵意见；国网安徽省电力有限公司王国亮、赵锋提供了丰富的文件资料；国网宣城供电公司胡小青，国网六安供电公司曹海传，国网蚌埠供电公司苏家兵，安徽众益售电有限公司殷庆、孙芝荣、李亚坤，宁国经济技术开发区建设投资有限公司林昌平，宁国市永祥电力工程技术有限公司艾关详在增量配电改革案例研究和实地调研中提供了大力支持，提出了很多宝贵意见。本书还参考了大量政府文件、电网企业资料以及专家学者的文献成果，难以一一列出，这些改革的思想和成果是本书的基石，在此一并向他们表示衷心感谢。

本书的出版对于从事增量配电改革政策与公司组建的研究人员、实践人员具有一定的参考价值。由于研究课题的前沿性和复杂性，作者的水平有限，书中的部分内容还有待进一步探索和完善，存在的纰漏和不当之处，恳请广大读者特别是同行们提出批评和指正意见。

编　者
2019 年 12 月

目　录

政　策　篇

1 ▶

电力体制改革的环境分析

环境是指一些相互依存、互相制约、不断变化的各种因素组成的系统，是影响企业管理决策和生产经营活动的各种现实因素的集合。企业环境包括外部环境与内部环境两部分。企业外部环境由存在于组织外部、通常短期内不为企业所控制的变量所构成，具体由宏观环境和行业环境或市场环境组成。宏观环境是影响企业所有行动者的较广泛的社会力量或因素，包括人口的、经济的、技术的、政治的、法律的以及社会文化方面的力量和因素；行业环境是直接影响企业履行其使命状况的行动者，包括供应商、各种市场中间商、顾客、竞争对手等。企业内部环境是企业内部的物质、文化环境的总和，也称企业内部条件，包括企业资源、企业能力、企业文化等因素。分析电力体制改革的环境，在于正确把握电力体制改革的历史和目前的发展状况，明确电网企业进行增量配电混合所有制改革面临的内外部环境，提高电网企业制定增量配电混合所有制改革战略的现实针对性和有效性。

1.1 宏观环境分析

1.1.1 政治环境

当前，国际政治格局处于大调整、大发展、大变革时期。世界多极化、经济全球化、文化多样化、社会信息化深入发展，人类社会充满希望。同时，国际形势的不稳定性、不确定性更加突出，人类面临的全球性挑战更加严峻，需要世界各国齐心协力、共同应对。西方发达国家开始走出危机，国际力量对比的"东升西降"趋势放缓，西方发达国家温和复苏，以金砖国家为代表的新兴经济体发展遭遇困难，"大而不强"的特点突出，与此同时西方国家"抱团取暖"

努力维持其主导地位。

从国内来看，经过四十多年的改革开放，我国经济社会快速发展，实现了从温饱不足到总体小康的历史性跨越，目前正处全面建成小康社会的决胜阶段。我国经济总量已位居世界第二位，外汇储备世界第一，人均 GDP 接近 1 万美元，正从中等收入国家向中高收入国家迈进。中国人民的精神面貌、社会主义中国的面貌发生了历史性变化。

面对国际国内复杂多变的形势，党的十八大以来，以习近平同志为核心的党中央高举改革开放旗帜，以更大的政治勇气和智慧推进改革，用全局观念和系统思维谋划改革，新一轮改革大潮涌起。随着改革开放的深入，带来了一系列改革理论和政策的重大突破，形成了全面深化改革的重要战略思想，使党的改革方略上升至全新高度，令中国改革开放迈入崭新境界，为实现中国梦注入不竭动力。2017 年 10 月 18 日，习近平总书记在党的十九大报告中指出，坚持全面深化改革，必须坚持和完善中国特色社会主义制度，不断推进国家治理体系和治理能力现代化，坚决破除一切不合时宜的思想观念和体制机制弊端，打破利益固化的藩篱，吸收人类文明有益成果，构建系统完备、科学规范、运行有效的制度体系，充分发挥我国社会主义制度优越性。

深化电力体制改革是全面深化改革的重要组成部分，国家关于全面深化改革的一系列宏观方针政策对电力体制改革带来极其深远的影响。国家的宏观政策环境不仅提供了电力混合制改革顶层设计的指导思想及发展方向，更为电力行业提供了更为宽广和持续的发展平台。

1.1.2 经济环境

目前发达经济体特别是美国复苏步伐加快，新兴市场经济体拉动世界经济增长的重要动力仍在持续。新一轮科技革命和产业变革正在兴起，国际产业分工发生新变化，美日等发达国家实施再工业化政策，吸引中高端制造业回流；低收入国家凭借成本优势，加速吸引劳动密集型产业，各国抢占产业制高点的竞争日趋激烈。国际上形形色色的贸易保护主义明显抬头，一些主要国家不断出台各种贸易保护措施。不断加剧的贸易保护主义严重影响着外需的复苏，使中国这类的出口大国深受其害。传统资源大国正通过资源出口带动本国经济发展，一些资源丰富的发展中国家正在加快将资源优势转化为经济发展优势。

从国内来看，十八届五中全会提出了全面建成小康社会新的目标要求：经济保持中高速增长，到 2020 年国内生产总值和城乡居民人均收入比 2010 年翻一番，产业迈向中高端水平。我国市场潜力巨大，社会生产力基础雄厚，科技创新能力升级，生产要素综合优势显著，经济发展内在动力增强，尤其是随着"一带一路""京津冀协同发展""长江经济带"等战略的实施，为经济发展注入了新的活力。

2018 年，我国 GDP 总量突破 90 万亿大关，总体上，我国经济稳中求进、稳中向好的基本面不会改变，为电力行业发展提供了巨大的发展机遇和有利的发展条件。

但是，随着中国经济发展进入新时代，我国正处在经济增速换挡期、结构调整阵痛期和前期刺激政策消化期。经济已经由较长时期的两位数增长进入个位数增长的新常态阶段，发展的质量和效益亟须提高，区域结构、城乡结构、产业结构的调整刻不容缓，突破资源环境瓶颈制约、化解产能过剩矛盾、推进新型城镇化、促进区域协调发展、保障和改善民生的任务都十分艰巨。当前中国宏观经济发展出现了很多值得关注的新力量、新因素、新变化，突出表现为：① 生产结构中的农业和传统制造业比重下降，服务业比重上升，战略性新兴产业、服务业正成为经济增长主要动力之一；② 需求结构中的投资率下降，消费率上升；③ 收入结构中的企业收入占比下降，居民收入占比上升；动力结构中的传统劳动力、自然资源投入下降，技术进步和人力资本、制度创新正在形成一系列新的增长点，形成新的增长动力。这些新力量和新因素的出现，标志着中国宏观经济新常态步入新的阶段。但是中国宏观经济仍面临一系列挑战，中国经济如何由从物质要素驱动、固定资产投资驱动转向创新驱动；如何通过深化改革适应新常态，激发市场活力，发挥创新的市场拉力作用；如何推进高水平对外开放、增进人民福祉、促进社会公平正义，这是新时代需要思考的问题。

宏观经济发展与调整不仅为电力行业发展提供了巨大的发展机遇和有利的发展条件，同时对电力市场的影响将日益凸显。用电总量上，我国宏观经济增速总体将呈现稳中缓降态势，总体判断用电需求仍较低迷，全国电力消费仍将保持低速增长，全社会用电量增速继续低位徘徊；用电结构上，预计高耗能行业的用电量增幅将逐步收窄，战略性新兴产业用电需求将持续增长，受经济转型驱动，信息消费、光伏扶贫、城镇化发展等因素会继续拉动第三产业和居民生活用电量保持较快增长。

1.1.3　社会环境

党的十九大报告强调，中国特色社会主义进入新时代，我国社会主要矛盾已经转化为人民日益增长的美好生活需要和不平衡不充分的发展之间的矛盾。经过改革开放四十多年的快速发展，量变引起质变，中国社会主要矛盾两个方面的内涵和外延都发生了深刻变化。新时代人民群众的需要已经从"物质文化需要"转化到"美好生活需要""落后的社会生产"转化到"不平衡不充分的发展"。

人民群众对美好生活的需要，必然要求我国传统能源产业实现转型升级。从宏观层面看，国家的能源政策将更加扶持绿色、节能、环保等能源产业，能源产业将发生根本性革命，如何推动传统能源产业和新能源产业在发展中不断实现替代—平衡—再替代—再平衡的螺旋上升路径，值得每一位政策制定者重视；从中观层面看，能源企业如何在变化中寻求发展，是"断臂疗伤"还是"温水煮青蛙"？企业转型不仅仅意味着产业更替，传统能源企业也要面临技术升级挑战，特别是借助信息技术、资本市场等条件，为企业发展注入动力，这是企业经营者必须思考的重大战略问题；从微观层面看，产业升级、产业转移所带来的设备更新、资源型城市困境等问题也不容忽视，需要各方面做好充分准备。

人民日益增长的安全、充足、稳定的用电需求与电网发展的不平衡不充分的矛盾现在存在并将长期存在。随着经济社会的快速发展、用电需求的持续增长，电网公司必须统筹电网建设，优化电网布局，重点向用电集中地区、配电薄弱环节倾斜，提升电网公司的电力输配能力，提高电力供能质量，保障广大客户的用电需求，有序降低电价，促进社会用电成本下调，推动经济社会的健康快速发展。

1.1.4 技术环境

近年来，面对国际经济形势的变化，主要发达国家（如美国、日本等）纷纷将注意力转向新兴产业与知识产业，加大对知识资本的投入、加快对新兴技术和产业发展的布局，力争通过发展新技术、培育新产业，创造新的经济增长点。全球经济发展历史中无数次的经验表明，全球科技又将进入一个创新密集时代，重大发现和发明将改变人类社会生产方式和生活方式。在科技创新力量的推动下，以人工智能、物联网、无人驾驶汽车、3D打印、5G通信、能源储存和量子计算等技术为代表的新一轮技术发展迅速，并以其特有生命力成为新的经济增长点，成为摆脱经济危机的根本力量，并在危机过后，推动经济进入新一轮繁荣。

随着技术环境的变化，电力行业发展动力转换提速。经济新常态下，传统高耗能产业增长乏力，新能源汽车、大数据中心、现代制造业、新型服务业等新产业及新城镇、新农村将成为电力需求的新增长点。主要表现在：

（1）系统形态深刻变化。集中开发、远距离输送的传统能源生产输送模式将有所改变，智能电网、风电和太阳能发电的发展将推动能源系统形态向分布式系统转变。比如德国不断加大智能电网和储能技术的创新和发展，并以现代信息和通信手段，将智能电网和储能技术应用于大量的微电网、节能建筑等多种分布式能源示范项目。

（2）国际合作深度拓展。"一带一路"战略的深入实施将带动能源国际合作不断深入，能源资源开发为主的合作方式将拓展到基础设施互联互通、技术装备和服务供应，国际合作更多着眼于打造利益共同体，实现区域能源协同安全。

（3）新兴技术广泛应用。在电力输出环节，以逐步提高可再生能源并网比例、优化能源资源配置，提高输送能力、效率和安全为主要目标，重点开展全球能源互联网、大规模可再生能源并网、柔性直流输电、分布式能源等关键技术研发，研究以电网为载体，油、气、可再生能源、电力、热、冷等多种能源互相支持的统筹规划、协调运行、综合利用和智能互动技术，支撑转型后的新一代能源系统发展；在电力消费环节，以提高终端用电能效、满足用户多元化需求、提升智能化水平为主要目标，重点开展智能用电终端、电力储能、电动汽车等技术研发，加强整个能源系统的优化集成，提高电能在终端消费的比重，构建一体化、智能化的能源系统，开发 APP 应用，鼓励客户自助用电，促进以大数据分析技术、云计算、互联网为代表的信息化、数字化技术与能源电力的深度融合，这些也将成为跨领域技术创新的重点。

科学发展日新月异，各种新型技术推陈出新，有效推动了电力行业持续发展。随着我国电力技术与国外差距不断缩短，跟踪仿制式的发展道路已经不适应新时期的要求，电力企业必须转向自主创新发展，转向掌握核心技术，提升创新能力。

1.1.5　生态环境

改革开放以来，国家先后实施"三北"防护林、大江中上游防护林、沿海防护林等一系列林业生工程，开展黄河、长江等七大流域水土流失综合治理，加大荒漠化治理力度推广旱作节水农业技术，加强草原和生态农业建设，使中国的生态环境建设取得了举世瞩目的成就并对国民经济和社会可持续发展产生了积极、深远的影响。但是，应当清醒认识到，中国的生态环境仍很脆弱，生态环境恶化的趋势还未得到遏制，生态环境问题仍很严重，主要表现在：自然环境先天不足、水土流失仍很严重、荒漠化面积呈扩大趋势、水资源紧缺且污染严重、森林覆盖率低且增长缓慢、生物多样性持续减少、气温呈上升趋势等。生态环境已成为制约经济和社会发展的重大问题。

党的十八大以来，中国从新的历史起点出发，做出"大力推进生态文明建设"的战略决策。党的十八届五中全会通过的《中共中央关于制定国民经济和社会发展第十三个五年规划的建议》提出：改革环境治理基础制度，建立覆盖所有固定污染源的企业排放许可制，实行省以下环保机构监测监察执法垂直管理制度。围绕《生态文明体制改革总体方案》，国家先后制定了《关于生态环境损害责任追究》《生态环境损害赔偿》《环境保护督察》《生态环境监测网络建设》《编制自然资源资产负债表》《自然资源资产离任审计》6 个配套文件。党的十九大报告中指出，加快生态文明体制改革，建设美丽中国。我国生态环境保护目标就是要通过生态环境保护，遏制生态环境破坏，减轻自然灾害的危害；促进自然资源的合理、科学利用，实现自然生态系统良性循环；维护国家生态环境安全，确保国民经济和社会的可持续发展。

"十三五"时期是我国全面建成小康社会的决胜阶段，是全面深化改革的攻坚期，是落实习近平总书记提出的"四个革命、一个合作"能源发展战略的关键时期，也是电力工业加快转型发展的重要机遇期。随着大气污染防治力度加强，气候变化日益严峻，生态与环保刚性约束进一步趋紧，加快电源结构调整步伐，大力发展清洁能源发电和促进煤电清洁有序发展成为电力行业必然趋势。我国已向国际社会承诺 2020 年非化石能源占一次能源消费的比重达到 15%，按照这一要求，到 2020 年，非化石能源发电装机达到 7.7 亿 kW 左右，比 2015 年增加 2.5 亿 kW 左右，占比约 39%，平均增速提高 4 个百分点，发电量占比提高到 31%；气电装机增加 5000 万 kW，达到 1.1 亿 kW 以上，占比超过 5%；煤电装机力争控制在 11 亿 kW 以内，占比降至约 55%。"十三五"电力结构发展主要指标见表 1 – 1。

表 1–1 　　　　　　　"十三五"电力结构发展主要指标

指标	2015 年	2020 年	平均增速	属性
非化石能源消费比重	12%	15%	3%	约束性
非化石能源发电装机比重	35%	39%	4%	预期性
常规水电（亿 kW）	2.97	3%	2.8%	预期性

续表

指标	2015 年	2020 年	平均增速	属性
抽蓄装机（万 kW）	2303	4000	11.7%	预期性
核电（亿 kW）	0.27	0.58	16.5%	预期性
风电（亿 kW）	1.31	2.1	9.9%	预期性
太阳能发电（亿 kW）	0.42	1.1	21.2%	预期性
化石能源发电装机比重	65%	61%	−4%	预期性
煤电装机比重	59%	55%	−4%	预期性
煤电（亿 kW）	9	<11	4.1%	预期性
气电（亿 kW）	0.66	1%	10.8%	预期性

资料来源：《电力发展"十三五"规划（2016—2020 年）》。

　　为实现上述目标，"十三五"期间，在清洁能源发电方面，我国将多措并举破除弃水、弃风、弃光的难题。首先，在开发布局方面，"十三五"将对风电和光伏发电进行优化，一是弃电地区要有序发展、适当放缓规模和节奏；二是坚持集中建设与分散建设并举原则，以就近消纳为主。其次，在电网输送方面，加强电网对可再生能源的接纳与消纳力度，加大可再生能源发电外送力度，在配电网建设上加大改造力度，通过配电网的建设，进一步提高智能化水平，以使可再生能源以分布式、微电网的形式接入电力系统就近消纳。最后，在调节能力方面，全面提升系统的灵活性，提高电力系统的调峰能力，加大调峰电源的建设规模，加大燃煤电站灵活性的改造力度，加大煤电调峰的能力。

　　随着绿色发展理念深入人心，生态文明建设、美丽中国得到越来越多重视，生态文明体制改革将被提上更为重要日程。生态文明建设对电力行业的发展是把双刃剑，一方面，环境、资源对电力行业约束将增强，传统的高耗能、高污染、粗放式的电力供给模式将受到限制；另一方面，坚持绿色发展，推行电能替代传统能源，既能促进大气污染防治和节能减排，又将促进电力消费增长，新能源产业、新能源汽车产业等战略性新兴产业让电力行业呈现出更为广阔的市场前景。电力企业应积极推进电源结构调整，迎合生态文明建设趋势，实现企业发展与生态文明的互惠共赢。

1.2 行业竞争环境分析

20 世纪 80 年代,迈克尔·波特创造了用于分析产业结构和企业在产业中所处地位的五力模型(five-forces model),这五种竞争作用力分别是潜在进入者、替代产品威胁、现有竞争对手的竞争、买方砍价能力和供方砍价能力。"五力模型"是用来确定某一行业的竞争程度,其理论假设是行业获利能力不是由产品属性或产品的技术含量决定的,而是由行业的市场结构决定的。从战略形成的角度看,五种竞争力量共同决定行业的竞争强度和获利能力。

根据波特对产业竞争环境的分析,电网行业竞争环境包括这样一组因素:现有电网企业、潜在进入者、电力替代品、发电企业、用电客户,总的来讲,这五个因素之间的互动关系直接影响电网行业的市场竞争行为,决定整个电网行业的发展。电网行业发展的"五力模型"如图 1-1 所示。

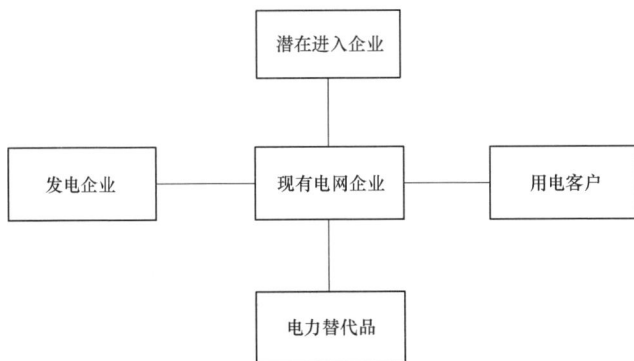

图 1-1 电网行业发展的"五力模型"

1.2.1 现有电网企业

组织经济学理论认为,产业的自然垄断属性来源于某些产品的生产具有显著的规模经济性。2002 年国家电力公司拆分重组后,我国的电力行业企业逐渐形成了卡特尔性质的寡头垄断情形,即几家企业控制了电力生产的大部分份额,而此时,企业成为该产品市场的寡头垄断者。目前,两大电网集团构成了我国电力供应市场寡头垄断的局面。自 2002 年电力体制改革实施以来,中国电力产业供应能力大幅提高,要素生产率有所提升,电价形成机制逐步完善,如发电环节实行了发电上网标杆电价,部分省份对输配环节差价进行了初步核定,销售环节相继出台了差别电价、居民阶梯电价与惩罚性电价政策等。然而，电力市场改革还面临许多矛盾和问题，如电力交易机制还很薄弱，市场定价机制尚未有效形成；某些业务领域的行政性垄断依然过强，管制制度与管制专业化水平有待提高，企业生产效率还有很大的提升空间；企业产权制度单一、内部人控制甚至腐败的问题依然突出，市场配置资源的决定性作用难以发挥；产业组织间的利益博弈与矛盾突出，节能高效环保机组不能被完全有效利用，弃水、弃风与弃光现象仍然存在。此外，现行政府管制电价政策不灵活，电价调整滞后于市场供需形势与能源成本变化，不能合理地反映用电成本与资源价格，缺乏对供需机制、竞争机制与外部性的有效反映。因此，我国电力市场总体还不够健全，市场在电力资源配置中尚没有发挥决定性作用。

我国现有电网企业包括国家电网有限公司、中国南方电网公司两大电网企业和部分地方独立电网企业。国家电网有限公司下设华北、华东、华中、东北、西北、西南 6 大分部，北京、天津、河北、冀北、山西、山东、上海、江苏、浙江、安徽、福建、湖北、湖南、河南、江西、四川、重庆、辽宁、吉林、黑龙江、内蒙古东部、陕西、甘肃、青海、宁夏、新疆、西藏27家省公司。中国南方电网公司下设广东、广西、云南、贵州、海南等电网企业。部分地方电网企业独立于国家电网有限公司和中国南方电网公司，主要有内蒙古电力集团有限责任公司、湖北丹江电力股份有限公司、广西桂东电力股份有限公司、广西壮族自治区百色电力有限责任公司、重庆三峡水利电力（集团）股份有限公司、重庆乌江电力有限公司、湖南金垣电力集团股份有限公司、山西国际电力集团有限公司、吉林省地方水电有限公司、广西水利电业集团有限公司、深圳招商供电有限公司、湖南郴电国际发展股份有限公司、云南保山电力公司、陕西地方电力公司、四川水电投资经营集团公司等。除上述国家电网有限公司、中国南方电网公司两大企业和地方独立的电网企业外，部分省份还存在一些小水电、小电站等由地方政府相关部门管理运营的微电网。

新一轮电力体制改革之前，电网企业经营区域相互独立，并不重叠。2017年 8 月国家发展改革委出台的《关于全面推进跨省跨区和区域电网输电价格改革工作的通知》，一方面，加快核定新投产跨省跨区专项输电工程输电价格，组织开展新投产跨省跨区专项输电工程输电价格测算工作，逐项核定。其中，新投产的宁绍直流、酒湖直流和已投产暂未核定输电价格的海南联网工程等 3 项跨省跨区专项输电工程，2017 年 12 月底前完成核价工作。另一方面，定期调整已核价的跨省跨区专项输电工程输电价格。考虑到电量等因素波动，为及时反映真实、合理输电价格，决定定期对已核价的跨省跨区专项输电工程进行成本监审并复核电价，周期暂定为三年。

随着跨省跨区和区域电网输电价格改革的推进，在市场看不见的手和政府宏观调控下，既可以提高企业的效率，又可以促进社会公平，但也意味着相同类型的企业会加剧竞争。在用电高峰时段，各省电力公司由于承担着必要的社会公立服务职能，在各省地方政府的要求下，必然要力求保证本省在高峰时段的电力供应。这也就意味着在"竞价上网"中，各省级电力公司必然会为争夺有限的电力资源而展开竞争。新电力体制改革使得发电企业直接进入售电端，部分资源配置优化、生产效率高的发电企业可能提高利用小时数，获得更多的上网电量，同时也面临较为激烈的电价竞争压力。

在能源供给侧结构性改革背景下，电力体制改革进入到爆发期。国家电网有限公司经营区域内，电力体制改革各项任务已明显加速。

（1）输配电价改革已实现全国铺开。湖北、安徽、宁夏、陕西、湖南等省级电网输配电价标准已获得国家发展改革委批复执行；除西藏外的其余省级电网正处于输配电价测算阶段。随着两部制电价调整，年降低企业基本电费超过130亿元。

（2）交易机构建设方面进入了拉锯阶段。已组建27家省级电力交易中心，其中湖北、山西、重庆采取股份制形式。上海、江苏、安徽、吉林、陕西等省已完成电力市场管理委员会组建；山西、新疆、河南等省出台了电力市场管理委员会组建方案；充分发挥交易平台作用，扩大发电企业、电力用户直接交易规模，年降低企业电费超过300亿元。

（3）市场化交易规模增长迅速。以2017年1～4月为例，市场交易电量2222亿kWh，同比增长73.1%。市场交易电量中，电力直接交易电量1706亿kWh，减少用户电费支出67亿元。煤电联动等电价调整政策，将上游环节降价幅度及时传递给用电企业，3次降低工商业用电价格合计年降价金额900亿元。

（4）多卖方多买方市场竞争格局初步形成。从卖方来看，国家电网有限公司经营区域内参与市场交易的发电企业共计26 628家；从买方来看，国家电网有限公司经营区域内参与市场交易的电力用户共计10 181家；从多元化售电主体来看，全国注册成立的售电公司已超过6400家，其中国家电网有限公司经营区域内在交易平台进行了注册并生效的售电公司960家，正在公示售电公司222家。

1.2.2 潜在进入企业

2014 年 11 月，《国务院关于创新重点领域投融资机制鼓励社会投资的指导意见》提出，积极吸引社会资本投资建设跨区输电通道、区域主干电网完善工程和大中城市配电网工程。国家将海南联网二回线路和滇西北送广东特高压直流输电工程等项目作为试点，引入社会资本，鼓励社会资本投资建设分布式电源并网工程，储能装置和电动汽车充换电设施。

2015 年 12 月，三峡、葛洲坝配电资产运维管理交接仪式在三峡坝区 220kV 陈家冲变电站举行，标志着三峡集团参与电力市场改革迈出实质性步伐，标志着长江电力（三峡电能）控股的首家售电公司正式启航运转。2016 年 7 月，长江电力、三峡集团联合成立售电公司——三峡电能，已经在宜昌、重庆开展配售电业务，未来计划拓展配售电范围。三峡集团正在布局的发配售一体的商业模式，或将打造出一个独立于国家电网有限公司、中国南方电网公司之外的电网企业——三峡电网。业内认为，这是三峡集团参与重庆三峡库区建设的重要举措，是电力体制改革的重大突破，也是混合所有制改革试点的积极探索。

2017 年 8 月，国家发展改革委办公厅发布《关于全面推进跨省跨区和区域电网输电价格改革工作的通知》，为电力商品的买卖双方打通了见面通道。发电行业历来和用户是隔绝的，而发电侧和售电侧电价和准入的放开，将催生一个生产者和用户能够直接见面的、长期潜在交易金额超过万亿的巨大新兴市场。

2017 年 10 月，国家发展改革委、国家能源局联合发布《关于开展分布式发电市场化交易试点的通知》等多个文件，正式启动分布式发电市场化交易试点建设。国家逐步放开用电侧分布式电源市场，拥有分布式电源的用户也可以从事售电业务，这无疑鼓励了企业、社区、家庭因地制宜，充分利用太阳能、风能、生物质能以及"冷热电"联产等分布式能源，在满足接入条件下接入各电压等级的电网。

截至 2018 年 6 月，国家发展改革委、国家能源局确定了开展增量配电业务改革试点项目 320 个，并明确试点项目应当向符合条件的市场主体公平开放，鼓励电网企业与社会资本通过股权合作等方式成立产权多元化公司参与竞争。2017 年 11 月，为进一步做好电力体制改革落实工作，国家发展改革委、国家能源局组织召开了"电力体制改革专题会议"，鼓励电网企业将存量配电资产拿出来，引入社会资本参股，组成混合所有制企业建设运营。在新增配网方面，民营资本的进入在一定程度上能够加快智能配用电系统的建设以及负荷侧分布式能源的发展。

上述分析表明，电网行业准入门槛在逐步下降，市场在逐步开放，潜在进入者将越来越多，势必会对电网企业在输配售电领域的寡头垄断地位产生冲击，促进电力市场更加开放有序的竞争格局形成。此外，我国"一带一路"战略正在深化实施，电力作为经济发展的重要支柱型产业，在"一带一路"中扮演着越来越重要的角色。同时，中国电力行业国际经济开发与合作也在不断深入，而电力市场的开放也将面临国外的市场主体进入电网行业的可能。

1.2.3　发电企业

2017 年 8 月，各大电力上市公司陆续公布 2017 年上半年业绩预告。简要分析发现，存在面对电力供需不平衡、电煤价格过高、燃料成本大幅上升、火电企业营业收入及净利润大幅下降，甚至部分企业发生亏损等问题。同年 8 月 14 日，国家发展改革委在其官方网站发布 16 部委联合印发的《关于推进供给侧结构性改革防范化解煤电产能过剩风险的意见》，其中，鼓励和推动大型发电集团实施重组整合一条备受关注。8 月 28 日，经报国务院批准，中国国电集团公司（以下简称"国电集团"）与神华集团有限责任公司（以下简称"神华集团"）合并重组为国家能源投资集团有限责任公司。重组之前，神华集团以煤为主业，是煤、电、路、港、航一体化发展的综合性能源集团，国电集团则以发电为主业，是我国五大发电集团之一，风电总装机居世界第一，在火电超低排放、脱硫脱硝等领域技术优势明显。由国电和神华重组后的国家能源投资集团有限责任公司为世界最大的煤炭生产公司，世界最大的火力发电生产公司，世界最大的可再生能源发电生产公司，世界最大煤制油、煤化工公司。重组之后，煤与电成了"一家亲"，将力争实现"1+1＞2"。

微观经济学原理表明，当不能通过市场有效配置资源的情况出现时，必将造成不必要的损失。自由市场形成价格的好处是，供需在"看不见的手"指引下趋向均衡，既无过剩也没有短缺，使包括消费者剩余和生产者剩余在内的总剩余最大化和效率最优化。我国电力面临总体富余、部分地区过剩的局面。以 2016 年为例，全国电力供应较为宽松，其中，东北和西北区域电力供应能力过剩较多，华北区域电力供需总体平衡，同时部分省份富裕，其中华中、华东和南方区域电力供需总体宽松，多个省份富余。按照全社会用电量增速 1%～2% 的中值测算，预计全年发电设备平均利用小时 3700h 左右，其中火电设备利用小时 4000h 左右。如何合理规划好各种发电能源，以更清洁、高效的方式满足安全供应，是需要深入研究的问题。

随着新电力体制改革的实施：① 电力市场运行规则发生巨大的变化，竞价上网使发电企业的盈利能力进一步发生分化；② 全社会用电量将持续低速增长或者下滑，竞争压力增大将迫使发电企业竞争特点由同质化向差异化转变，发电集团加快以规模导向到效益导向的结构调整；③ 机组能耗及环保标准更为严格，未来节能减排压力进一步增加，对挖潜降耗提出了更高要求，更迫切需要从要素驱动向创新驱动转变，加快电源结构的转型升级；④ 光热电价政策的出台，海外光热发电企业纷纷抢滩中国市场，如美国亮源能源公司（Bright Source）等，而混合所有制改革在发电侧继续深入推进，社会资本的进入能够使发电企业加快机组的技术升级，提高电厂的管理水平和管理效率。

1.2.4 用电客户

电力用户大致可分为居民生活用电（电压等级不满 1、10kV）、大工业用电（电压等级为 10、35、110kV）等。近年来，电力市场不断改革，用户需求不断变化，传统的电力服务已不能满足电力用户的需求。为迎合电力用户的需求，电力企业正在转型发展。

2015 年 11 月 30 日，国家发展改革委、国家能源局联合发布的新电力体制改革六大配套文件中，《关于推进售电侧改革的实施意见》已经明确指出，将"售电公司"分为三类：① 电网公司下属的售电公司，拥有全部配电网运营权；② 社会资本投资的 I 型售电公司，拥有增量配电网运营权；③ 社会资本投资的 II 型售电公司（独立售电公司），没有配电网运营权，但不承担保底配电服务。今后，符合市场准入条件的电力用户可以作为购电主体，直接与发电公司交易，也可以自主选择与售电公司交易，或选择不参与市场交易，多方买卖市场将逐步形成。

2002 年，国务院 5 号文件下发以来，各地开始试点"大用户直购电"，即电厂和终端购电大用户之间通过直接交易的形式协定购电量和购电价格，然后委托电网企业将协议电量由发电企业输配至终端购电大用户，并另支付电网企业所承担的输配服务。直购电工作是对现有电力销售机制的一种改革尝试，其目的在于，打破电网企业独家买卖电力的格局，在发电和售电侧引入竞争机制；同时有利于探索建立合理的输配电价形成机制，促进电网输配分开，使终端用户进入电力市场，促进建立开放的电力市场。

1.2.5   电力替代品

电是必需品，需求弹性系数接近为零，任何组织和个人都很难离开电。随着科学技术的发展，一些新型智慧能源应运而生。例如，光伏自发电系统，即太阳能自发电系统。太阳能自发电系统由太阳能电池组、太阳能控制器、蓄电池（组）组成。如果要让太阳能发电系统输出电源为交流 220V 或 110V，还需要配置逆变器。太阳能的使用主要分为几个方面：家庭用小型太阳能电站、大型并网电站、建筑一体化光伏玻璃幕墙、宇翔太阳能路灯、风光互补路灯、风光互补配电系统等，主要的应用方式为建筑一体化和风光互补系统。

虽然太阳能具备取之不尽、用之不竭，安全可靠、方便灵活、天然环保等优点，但是也具备地面应用时有间歇性和随机性，发电量与气候条件有关，在晚上或阴雨天就不能或很少发电；能量密度较低，标准条件下，地面上接收到的太阳辐射强度 $1000W/m^2$，大规格使用时，需要占用较大面积；价格仍比较贵，为常规发电的 3～15 倍，初始投资高等缺点。上述缺点客观上长期存在，短期内难以有效克服，目前国内推广度不高。光伏能源的出现，并不意味着用户不再需要化石电能，总体上对电力行业的影响较小。但是，光伏能源对电力行业的冲击无法避免并将越演越烈，长期内值得关注。

研判得出，五种力量相互影响、共同作用，构建了电网行业的竞争环境。随着电力体制改革的深入，电网行业原有的静态平衡将被打破，取而代之的是电网行业竞争将越演越烈，市场在电网行业的资源配置中作用将越来越明显。电网企业应积极探索，抢抓机遇，推动战略转型，创新商业模式，优化体制机制策略，有效应对内外部改革形势，努力成为未来竞争性市场领域的引领者。

1.3   电网企业竞争战略选择

目前中国经济已经步入新时代，在增速回落调整与结构转型升级的经济形势下要实现总体发展目标，未来的一段时期，电力体制改革必须要与其他领域改革一起不断推进和深化，这将构成中国式电力体制改革的新常态。这一阶段的特点如下：① 电力体制改革政策密集出台；② 我国经济进入新常态发展阶段，电力经济也进入新常态发展时期；③ 电力市场改革实践，输配电价与售电侧开放等改革成为热点；④ 电力产业组织结构调整加快，电价制度更加灵活；⑤ 更注重可再生能源开发与应用；⑥ 注重顶层设计与企业共识相结合；⑦ 电力新常态表明，电力供需矛盾由长期以来的短缺状态向相对过剩转变；⑧ 电力能效水平、污染控制水平达到世界先进；⑨ 电力常规大气污染物排放已经不是制约电力工业发展的主要因素。综上，电力行业正经历着改革与发展的阵痛，机遇前所未有，挑战也前所未有。电网企业应改变长期形成的思维定式，重新定位方向、调整战略、改革管理模式，以适应大趋势的要求。如何选择竞争战略，就成为摆在电网企业面前一个重要的议题。

竞争战略被认为是企业战略的一部分，是在企业总体战略的制约下，指导和管理具体战略经营单位的计划和行动。综合对比多种竞争战略分析方法，本研究采用 SWOT［S（strengths）是优势、W（weaknesses）是劣势、O（opportunities）是机会、T（threats）是威胁］分析法展开。所谓 SWOT 分析，即基于内外部竞争环境和竞争条件下的态势分析，就是将与研究对象密切相关的各种主要内部优势、劣势和外部的机会和威胁等，通过调查列举出来，并依照矩阵形式排列，然后用系统分析的思想，把各种因素相互匹配起来加以分析，从中得出一系列相应的结论，而结论通常带有一定的决策性。运用这种方法，可以对研究对象所处的情景进行全面、系统、准确的研究，从而根据研究结果制定相应的发展战略、计划以及对策等。按照企业竞争战略的完整概念，战略应是一个企业能够做的（即组织的强项和弱项）和可能做的（即环境的机会和威胁）之间的有机组合。SWOT 分析法具有分析直观、使用简单的优点，在没有精确数据和专业工具的辅助下，也能得出具有说服力的结论。因此，也被广泛应用于企业战略研究与竞争分析当中，成为战略管理的重要分析工具。本研究以国家电网有限公司为实例，论述如何运用 SWOT 分析法，对混合所有制电力体制改革背景下的电网行业竞争战略选择展开分析。采用的 SWOT 分析模型如图 1－2 所示。

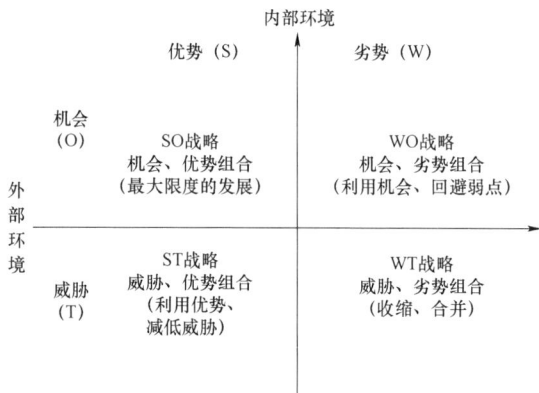

图 1－2　SWOT 分析模型

国家电网有限公司成立于 2002 年 12 月 29 日,是全球最大的公用事业企业。公司资产总额 33 898 亿元,全口径用工总量 166.7 万人。经营区域覆盖 26 个省(自治区、直辖市),覆盖国土面积的 88% 以上,配电人口超过 11 亿人。2018 年,国家电网有限公司位居世界 500 强企业第 2 位。

从外部环境的机会来看,我国经济社会稳步发展,电力需求同步增长,为加快电网建设提供了很好的机遇。国家电网有限公司要抓住这些发展的契机,做大做强网架结构,建设与地区经济发展相适应的现代化电网。

从外部环境的威胁来看,一方面,随着电力体制改革的实施,输配电价改革将对企业的盈利模式带来深远的影响,以投资建设驱动的发展模式将面临转变;另一方面,经济社会发展也对电力质量和服务提出了更高要求,企业将面临供上电和供好电的双重压力。国家电网有限公司必须更加注重企业内部资源整合和优化配置,提高综合经营效益。

从内部环境的优势来看,国家电网有限公司具有技术人才优势突出、市场广阔、客户关系稳固、服务品牌效应突出、发展潜力大等优势,特别是近年来,实践发展的成果让全体员工看到了企业的前景和未来,形成了企业发展的良好氛围,这些优势为企业加快发展奠定了坚实的基础。

从内部环境的劣势来看,国家电网有限公司仍存在基础管理有待加强、管理体制与企业发展要求不匹配等问题。电网企业的管理方式、运行模式在一定程度上抑制了人员的积极性,没有形成必要的竞争机制,缺乏与时代要求相适应的激励机制和风险意识,资源配置的效率有待提升。电网企业混合制改革的过程中,需运用科学的管理方法,提高管理的有效性;在产权结构上探索引入社会资本,推行企业化运作的混合所有制改革。如果电网企业能够把握机遇,协同各方利益,发挥国有资本和民营资本的优势,实现各种所有制资本取长补短、相互促进,在规模上可以获得更大的发展。因此,国家电网有限公司要加快推进管理精益化,强化体制机制创新,着力解决好制约企业发展的瓶颈问题。

从内外部环境的综合分析中可以看出,国家电网有限公司正在全力打造"能源互联网"企业,加快实现世界一流能源互联网企业建设战略目标,探索混合所有制经济改革,其拥有的外在机会比外在威胁多,而内在优势较之内部劣势也更为明显。因此,建议选择实施增长型的 SO 战略,具体而言:

(1)建设适度超前的现代化电网。抓住国家政策和地区经济发展的机遇,加大电网投资建设力度。通过优化主网、做强配网、升级农网,提高配电可靠性和配电质量,推动电网向智能、高效、可靠、绿色的方向发展。

（2）做强做优做大主营业务。抓住企业盈利模式转变的契机，通过强化电网发展与保障能力、优化投资和经营策略、做大企业有效资产，着力做好配电网运检和客户服务，拓展市场化售电业务，持续提升企业价值创造能力。

（3）着力推进体制机制创新。抓住电力体制改革的契机，通过完善现代企业制度、完善创新驱动机制、强化主营业务的管控，提升企业运营能力与运营效率。

2 ▶

国家法规政策解读

　　法规政策解读是决策者对现行或计划实行的组织政策、决策程序和活动中的情况、问题，以及公众对它们的反映信息进行系统的调研、观察，并做出定量和定性分析的过程。十八届三中全会以来，国有企业混合所有制改革和国家电力体制改革一系列法规政策陆续出台，对电网企业产生了重大而深远的影响。电网企业作为中央企业，电力行业的重要市场主体，必须要认真研究并执行国家法规政策。

2.1　混合所有制改革法规政策解读

2.1.1　中共中央、国务院文件

　　2013 年，党的十八届三中全会胜利召开，《中共中央关于全面深化改革若干重大问题的决定》（以下简称"《决定》"）发布。《决定》指出，积极发展混合所有制经济。国有资本、集体资本、非公有资本等交叉持股、相互融合的混合所有制经济，是基本经济制度的重要实现形式，有利于国有资本放大功能、保值增值、提高竞争力，有利于各种所有制资本取长补短、相互促进、共同发展。《决定》关于发展混合所有制经济的表述，为新时期国企改革指明了方向。

　　2015 年 8 月，中共中央、国务院印发《关于深化国有企业改革的指导意见》（以下简称"《指导意见》"），对改革目标和原则、分类推进国企改革、发展混合所有制经济、完善国资监管体制等提出了明确的意见。《指导意见》的颁布，实质上已经拉开了国企混合所有制改革的帷幕。

　　2015 年 9 月，国务院印发《关于国有企业发展混合所有制经济的意见》，对分类推进国有企业混合所有制改革、分层推进国有企业混合所有制改革、鼓励

各类资本参与国有企业混合所有制改革、建立健全混合所有制企业治理机制、建立依法合规的操作规则、营造国有企业混合所有制改革的良好环境等提出了明确的指导意见。

2.1.2 国务院办公厅及部委文件

近两年来，国务院办公厅、各部委先后印发多个政策文件，其中包括 2015年 11 月印发的《关于改革和完善国有资产管理体制的若干意见》、2015 年 11 月印发的《关于国有企业功能界定与分类的指导意见》、2016 年 6 月印发的《企业国有资产交易监督管理办法》、2016 年 8 月印发的《关于国有控股混合所有制企业开展员工持股试点的意见》、2017 年 5 月印发的《关于进一步完善国有企业法人治理结构的指导意见》、2017 年 5 月印发的《关于印发中央企业公司制改制工作实施方案的通知》（以下简称"《通知》"）等，上述政策文件从国企分类和分层改革、改革国资管理体制、非国有资本参与混合所有制体制、国有资产交易、员工持股试点等方面制定了更为具体的规定，为推进国企混合所有制改革工作构建了操作性的政策框架。

2.2 国家电力体制改革法规政策解读

2.2.1 电力体制改革综合文件

2015 年 3 月，中共中央、国务院发布了《9 号文件》，成为新一轮电力体制改革的纲领性文件，拉开了进一步深化电力体制改革的序幕。新一轮电力体制改革方案的基本思路是"四放开、一独立、一加强"，即输配以外的经营性电价放开、售电业务放开、增量配电业务放开、公益性和调节性以外的发配电计划放开，交易平台独立，加强规划等内容，其中，"四放开"之一的"增量配电业务放开"被具体表述为"按照有利于促进配电网建设发展和提高配电运营效率的要求，探索社会资本投资配电业务的有效途径。逐步向符合条件的市场主体放开增量配电投资业务，鼓励以混合所有制方式发展配电业务"。新一轮改革涉及电价改革、电网独立、放开市场等一系列核心内容，目的在于建立独立的输配电价，理顺价格形成机制，通过市场竞争确定发、售电价，形成完整的电价传导机制，让电价反映资源稀缺程度和市场供求关系，从根本上还原价格机制在电力市场中的作用。

2015 年 11 月，国家发展改革委、国家能源局出台《关于印发电力体制改革配套文件的通知》，配套文件包括《关于推进输配电价改革的实施意见》《关于推进电力市场建设的实施意见》《关于电力交易机构组建和规范运行的实施意见》《关于有序放开发用电计划的实施意见》《关于推进售电侧改革的实施意见》和《关于加强和规范燃煤自备电厂监督管理的指导意见》。作为《9 号文件》的配套文件，上述文件为电力体制改革的落地实施提供了明确的实施路径和操作方案。

2.2.2　电价改革文件

电价改革是电力体制改革的核心内容。经过上一轮电力体制改革，发电端包括五大发电集团等多主体竞争局面已经形成，但输电、配电、售电垂直一体化的垄断局面仍然存在，我国一直没能确立一套合理的输配电价标准及核定方法。对此，国家发展改革委、国家能源局出台了一系列电价改革的政策文件，其中包括 2015 年 4 月出台的《关于贯彻中发〔2015〕9 号文件精神，加快推进输配电价改革的通知》、2015 年 5 月出台的《关于完善跨省跨区电能交易价格形成机制有关问题的通知》、2015 年 6 月出台的《输配电定价成本监审办法（试行）》、2017 年 8 月出台的《关于全面推进跨省跨区和区域电网输电价格改革工作的通知》等，标志着我国对电网企业价格监管方式的转变，也是电价改革开始提速的重要信号。此次配电价格改革通过加快输配电价改革，建立健全对电网企业成本约束和收入监管机制，对电网企业监管由现行核定购电售电两头价格、电网企业获得差价收入的间接监管，改变为以电网资产为基础对输配电收入、成本和价格全方位直接监管，将对进一步降低电价、促进电价市场化改革起到助推作用。

2.2.3　增量配电改革文件

增量配电业务是指满足电力配送需要和规划要求的增量配电网投资、建设、运营，以混合所有制方式投资配电网增容扩建，出资方为两方及以上控股的增量配电业务。根据《有序放开配电业务管理办法》，增量配电分两大类：① 满足电力配送需要和规划要求的新建配电网及混合所有制方式投资的配电网增容扩建；② 除电网企业存量资产外，其他企业投资、建设和运营的存量配电网。配电网原则上指 110kV 及以下电压等级电网和 220（330）kV 及以下电压等级工业试点区域（经济开发区）等局域电网。增量配电公司经营范围涉及投资运营增量配电、购售电、电力增值服务（依法须经批准的项目，经相关部门批准后方可开展经营活动），具体包括负责其项目区域内增量配电网络的投资、建设、运营业务；履行保底供电义务；为各类用户提供报装、计量、抄表、收费、结算、抢修等服务。此政策条文相当于明确了社会资本可投资的增量配网包含所有配电电压等级，不受限制；同时也点明除电网企业存量资产外，其他企业投资、建设和运营的存量配电网，适用本办法。这意味着在现存自有配电网之外，今后所有的配电网改造和新建，电网公司都需要和其他社会资本竞争或合作。

增量配电混合所有制改革是此轮电力体制改革的重要方向之一，多项法规政策、多条改革举措直指增量配电改革。改革之前，配电网由电网企业垄断经营，在一定程度上不利于配电网资源配置优化、电网运营效率提高。改革之后，增量配电网由多元化市场主体竞争经营，将为整个社会创造改革红利。一方面有助于完成当地电力配网的建设任务，完善当地配电网网架，满足新增负荷要求，为用户提供可靠、充足、高效的电力供应；另一方面组建混合所有制配电公司后，预计综合售电价格将明显下降，有效降低用户用电成本，拉动经济社会的发展。在增量配电业务领域引入社会资本投资，实施混合所有制改革，既是国家电力体制改革的政策导向，又是配电网市场化发展的形势所趋。

2015 年 3 月，《9 号文件》提出，逐步向符合条件的市场主体放开增量配电投资业务，鼓励以混合所有制方式发展配电业务。作为新一轮电力体制改革的纲领，《9 号文件》指明了混合所有制改革是增量配电改革的发展方向和实现路径。

国家发展改革委、国家能源局于 2016 年 10 月和 2018 年 3 月相继发布《有序放开配电网业务管理办法》《增量配电业务配电区域划分实施办法（试行）》，上述政策明确了以混合所有制方式投资、建设、运营增量配电网的实施细则和管理方案。2017 年 8 月，为进一步明确推进增量配电试点工作的相关原则，规范推进增量配电业务，国家发展改革委印发《电力体制改革专题会议纪要》，会议纪要涉及增量配电改革内容主要包括：地方政府不得指定项目业主；电网企业要积极参与竞争，但应当采取与社会资本合作的方式；第一批试点项目中电网企业控股、参股的项目不得超过 50%原则上不搞绝对控股；公共电网要向增量配电项目公平开放；第二批试点可以不限制，按照招投标确定项目业主；地方政府不得指定项目业主，增量配电业务试点项目原则上必须采取招投标等竞争性方式确定项目业主，除非参与投标的企业少于两家，政府才能协商确定项目业主；电网企业要积极参与竞争，但是应当采取与社会资本合作的方式。

截至 2019 年 6 月，为贯彻落实《9 号文件》精神，鼓励和引导社会资本投资增量配电业务，根据《有序放开配电网业务管理办法》的有关规定，在各地推荐基础上，国家发展改革委、国家能源局相继确定了 404 个项目为增量配电业务改革试点项目，完成全国地级市以上全覆盖。2018 年 10 月，国家发展改革委、国家能源局发布《关于增量配电业务改革第一批试点项目进展情况的通报》，指出一些地方政府和电网企业未有效落实在配售电业务向社会资本放开的要求未得到有效落实，尤其是一些试点项目在供电区域划分、接入系统等环节受到电网企业阻挠，迟迟难以落地。2019 年 1 月，国家发展改革委、国家能源局发布《关于进一步推进增量配电业务改革的通知》，针对增量配电业务改革进程缓慢的问题，从进一步规范项目业主确定、进一步明确增量和存量范围、进一步做好增量配电网规划工作、进一步规范增量配电网的投资建设与运营等方面提出了改进的指导意见。2019 年 3 月，国家发展改革委、国家能源局公布《增量配电业务改革试点项目进展情况通报（第二期）的通知》，截至 2019 年 1 月，第一批 106 个增量配电业务改革试点项目中，仅有 5 个增量项目已建成投产，尚有 12 个项目未确定业主，23 个确定业主但未划定供电区域，28 个已完成前置程序但仍未开工建设；第二批、第三批的 214 个增量配电业务改革试点项目中，仅有 62 个试点项目确定业主，13 个取得电力业务许可证，8 个开工建设，说明一些地区的试点工作推进不力，改革进程总体相对缓慢。上述文件表明，增量配电业务改革已进入关键期，政府部门将通过督导、约谈、考核相关责任方的方式，加快推动增量配电业务改革落地。国家通过混合所有制推动增量配电业务改革的决心坚如磐石，不会动摇。任何消极应对、被动执行增量配电业务改革政策的做法都将难以为继，最终得不偿失。《9 号文件》印发后增量配电改革政策见表 2-1。

表 2-1　　　　　　　　增 量 配 电 改 革 政 策

政策类型	发布主体	发布时间	政策名称
顶层设计	中共中央　国务院	2015 年 3 月	关于进一步深化电力体制改革的若干意见
	国家发展改革委国家能源局	2016 年 10 月	有序放开配电网业务管理办法
制度制定	国家发展改革委国家能源局	2016 年 12 月	关于规范开展增量配电业务改革试点的通知
	国家能源局	2016 年 12 月	关于对拥有配电网运营权的售电公司颁发管理电力业务许可证（供电类）有关事项的通知
	国家发展改革委	2017 年 8 月	电力体制改革专题会议纪要
	国家发展改革委	2017 年 12 月	关于印发关于制定地方电网和增量配电网配电价格的指导意见

政策类型	发布主体	发布时间	政策名称
制度制定	国家发展改革委 国家能源局	2018 年 3 月	增量配电业务配电区域划分实施办法（试行）
	国家能源局	2018 年 7 月	关于简化优化许可条件、加快推进增量配电项目电力业务许可工作的通知
试点落地	国家发展改革委 国家能源局	2016 年 10 月	关于规范开展增量配电业务改革试点的通知
	国家发展改革委 国家能源局	2017 年 11 月	关于加快推进增量配电业务改革试点的通知
	国家发展改革委 国家能源局	2017 年 11 月	关于规范开展二批增量配电业务改革试点的通知
	国家发展改革委 国家能源局	2018 年 4 月	关于规范开展第三批增量配电业务改革试点的通知
	国家发展改革委 国家能源局	2018 年 6 月	关于规范开展第三批增量配电业务改革试点的补充通知
	国家发展改革委 国家能源局	2018 年 12 月	关于请报送第四批增量配电业务改革试点项目的通知
	国家发展改革委 国家能源局	2018 年 10 月	关于增量配电业务改革第一批试点项目进展情况的通报
	国家发展改革委 国家能源局	2019 年 1 月	关于进一步推进增量配电业务改革的通知
	国家发展改革委办公厅 国家能源局综合司	2019 年 3 月	关于印发《增量配电业务改革试点项目进展情况通报（第二期）》的通知

3 年多来，从顶层设计到制度制定，再到试点落地，增量配电改革迅速推进，且呈加速态势。梳理政策发现，混合所有制既是增量配电改革政策的鲜明特征，也是增量配电改革的实现方式。增量配电业务将不再由电网企业垄断经营，而是由包括电网企业在内的多方资本共同经营已是大势所趋。电网企业作为市场竞争的主体之一，只能与社会资本共同参与增量配电业务改革。今后增量配电业务由国有资本和社会资本共同投资、建设、运营的格局将逐步形成。

2.3　增量配电混合所有制改革对电网企业的影响

根据增量配电网的投资、建设、运营流程，增量配电改革对电网企业的影响主要体现在项目规划、业主确定、项目核准、项目建设、公网接入、电价核定、许可申请、配网运营八个方面，见表 2-2。

表 2-2   增量配电改革对电网企业的影响

对电网企业影响	增量配电改革之前	增量配电改革之后
项目规划方面	全部性参与	选择性参与
业主确定方面	一方独资	多方合资
项目核准方面	独立完成	合作完成
项目建设方面	自主决定	商议决定
公网接入方面	主动禁止	被动放开
电价核定方面	间接被监管	直接被监管
许可申请方面	较少限制	较多限制
配网运营方面	独家垄断	多家竞争

（1）项目规划方面，电网企业将由全部性参与变为选择性参与。增量配电改革之前，地方能源管理部门委托电网企业制定增量配电项目规划，或电网企业拟定增量配电项目规划并上报地方能源管理部门审批，电网企业都要参与到所有增量配电项目的规划中；增量配电改革之后，增量配电项目须纳入省级配电网规划，地方政府能源管理部门全面负责增量配电项目管理，编制增量配电项目规划，电网企业仅选择性参与较为优质的意向增量配电项目，而对非意向的增量配电项目参与积极性较低。

（2）业主确定方面，将由电网企业一方独资变为多方合资。增量配电改革之前，电网企业是增量配电项目的唯一业主，独资控股增量配电业务，没有其他市场主体与之竞争；增量配电改革之后，要求通过市场化机制公开、公平、公正地优选确定项目业主，明确项目建设内容，工期、供电范围并签订协议，符合条件的市场主体均可依据规划向地方政府能源管理部门申请作为项目业主，社会资本有希望通过市场化手段竞争成为增量配电网项目业主，电网企业若投资增量配电业务，必须联合社会资本竞选成为增量配电项目业主，合资组建混合所有制供电公司。

（3）项目核准方面，电网企业将由独立完成变为合作完成。增量配电改革之前，增量配电项目由电网企业自主拟订项目建设方案等，并报政府部门核准；增量配电改革之后，电网企业须兼顾项目合作方的诉求，项目多方业主共同编制完成项目可行性论证并获得所有支持性文件，具备核准条件后向地方能源管理部门申请项目核准。

（4）项目建设方面，电网企业将由自主决定变为商议决定。增量配电改革之前，作为增量配电业务的独立业主，电网企业可自主决定增量配电项目的建设模式，自主选择建设单位；增量配电改革之后，项目业主取得核准以后依据电力建设相关管理程序和要求开展项目建设，可以通过招标等市场化手段确定建设单位，完成增量配电工程建设，也可以自主承担项目建设，由具备建设资质和能力的项目业主进行增量配电项目建设。不论选择哪种方式，电网企业作为业主之一，必须与其他业主共同商定。

（5）公网接入方面，电网企业将由主动禁止变为被动放开。增量配电改革之前，电网企业独家享有公网的运营权，禁止其他市场主体接入公网；增量配电改革之后，电网企业不得拒绝符合条件的混合所有制供电公司接入公网，不得以电网企业控股等作为公网接入的条件，电网企业须按照电网接入管理的有关规定以及电网运行安全的要求，向增量配电项目业主无歧视开放电网，提供便捷、及时、高效的并网服务，同时电网企业可按照政府规定向混合所有制供电公司收取过网费。

（6）电价核定方面，电网企业将由间接被监管变为直接被监管。增量配电改革之前，政府部门通过核定购电售电两头价格、电网企业获得差价收入的间接监管方式核定电价，增量配电价格包含在电网企业的统一配电价格中，未与存量配电价格有效区分；增量配电改革之后，输配电价逐步过渡到按"准许成本加合理收益"原则确定，增量配电成本将逐步清晰，增量配电价格将被单独核定，对进一步降低电价、促进电价市场化改革将起到助推作用。

（7）许可申请方面，电网企业将由较少限制变为较多限制。增量配电改革之前，电网企业获取供电业务许可的限制条件较少；增量配电改革之后，增加了对电网企业的限制，如规定在一个配电区域内，只能有一家售电公司拥有该配电网运营权，须明确增量配电和存量配电区域划分；电网企业控股增量配电网拥有其运营权，在配电区域内仅从事配电网业务，其竞争性售电业务，应逐步实现由独立的售电公司承担，避免出现新的非对称性竞争。电网企业资金、技术、人才、设备优势过于明显，国家对电网企业进行较多限制，是在改革初期调动社会资本积极性的一个重要举措。

（8）配网运营方面，电网企业将由独家垄断变为多家竞争。增量配电改革之前，电网企业独家垄断电网运营，不存在与之竞争的对象；增量配电改革之后，在取得许可以后，拥有配网运营权的主体向配电区域内用户提供供电服务，并进一步创新运营机制和服务方式，为用户提供综合能源服务，获得配电和相关增值服务收入。符合准入条件的项目业主，可以只享受投资收益权，自主选择将配电网运营权委托给电网企业或符合条件的售电公司，电网企业内部及电网企业与符合条件的售电公司之间将形成竞争态势。

总体来看，增量配电改革将弱化电网企业对增量配电业务的自主决定权限和市场垄断地位，强化政府部门在增量配电业务领域规划、项目、定价、监管方面的管理职能和管理权威，为社会资本投资、建设、运营增量配电业务的创造政策条件和政策支持，对优化配电网资源配置，提高配电网运营效率将起到积极的助推作用。增量配电改革之前，包括增量配电在内的配电业务由电网企业独家经营；增量配电改革后，增量配电业务将被逐步被放开，电网企业独家经营配电网的格局将被逐步打破。增量配电改革对电网企业是一把双刃剑，在对电网企业带来挑战的同时，也为电网企业迎来了新的发展机遇。在新一轮电力体制改革背景下，开放合作已经成为电力行业创新转型的驱动力，而增量配电改革则是电网企业提速发展的重要契机。电网企业在增量配电业务领域推行混合所有制改革，一方面有利于获取外部资源，推动配网投资建设规划任务的顺利完成，发挥多元化投资主体发挥各自优势，提升配网投资建设和运营水平；另一方面也有利于规范公司治理，强化内部竞争，建立市场化激励约束机制，提高内部运营效率。面对增量配电改革，建议电网企业抢抓发展机遇，迎接市场挑战，借助增量配电改革之势，实现更好更快的发展。

2.4 电网企业执行法规政策分析

2.4.1 混合所有制改革与电力体制改革的关系

党的十八届三中全会明确了混合所有制是国有企业的发展方向和改革，与此同时，我国即将开展的新一轮电力体制改革也将推动电力企业迈入全新的发展阶段。在混合所有制体制与电力体制改革双重改革的背景下，厘清电力体制改革与混合所有制体制的内在联系，通过混合所有制体制促进电力体制改革最终目标的实现，是决定电力工业改革成败的关键因素。

党的十八届三中全会为混合所有制经济注入了新的内容，指出国有资本、集体资本、非公有资本等交叉持股、相互融合的混合所有制经济，是基本经济制度的重要实现形式，这将是深化国企改革新的载体和动力。积极发展混合所有制经济，是新形势下坚持公有制主体地位，增强国有经济活力、控制力、影响力的一个有效途径和必然选择。

在国家发展改革委列出的 2016 年改革清单中，明确在电力、铁路、民航、电信等重要领域开展混合所有制改革试点示范，推进国有经济结构优化和转型升级。具体到电力领域，五大发电集团重点将子公司股权结构多元化作为改革的突破口，积极推进股权架构层面的改革，引进外部投资者；实施增量配电网混合所有制改革后，增量配电业务将不再由电网企业垄断经营，而是由包括电网企业在内的多方资本共同经营；伴随售电侧放开后社会资本进入积极性提升，国有资本和社会资本、社会资本之间可自由组合共同成立售电公司。

因此，电力体制改革与混合所有制体制紧密相连。考虑到电力体制改革与混合所有制体制深刻的内在联系，在电网企业实施混合所有制体制的过程中，要特别注意：电网企业混合所有制体制不能为了改革而改革，要为电力体制改革服务，从根本上促进我国电力体制改革终极目标的实现，即混合所有制体制应以我国电力体制改革的最终目标为出发点，配合电力体制改革解决我国当前电力行业发展存在的问题。

2.4.2 电网企业混合所有制改革的必然性

长期以来，配电业务由电网企业独家经营，配电资源浪费、配电效率有待提高等问题在一定程度上客观存在。推行增量配电业务改革，打破配电网垄断经营，既是国家电力体制改革的政策所迫，又是地方经济社会发展的形势所趋，更是电网企业改革创新的发展所向。

（1）从国家战略与政策要求来看，推行电网企业混合所有制改革是必然。发挥市场机制的决定性作用需要通过各种所有制资本取长补短、相互促进、共同发展，激发微观主体活力和创新能力，形成有利于竞争的市场结构。因此，推动国有资本、集体资本、非公资本交叉持股、相互融合的混合所有制改革成为进一步深化电力体制改革的重要着力点。根据国家战略和政策要求，一方面电力体制改革与推进国企混合所有制改革要求保持高度一致；另一方面混合所有制发展是电力体制改革《9号文件》提出放开增量配网投资的主要方式。

（2）从地方经济社会发展来看，推行电网企业混合所有制改革是必然。电网企业推行混合所有制改革，将对地方经济社会发展注入新的活力。一方面通过有序完成当地电力配网的建设任务，新建变电站及其配套设施，完善当地配电网网架，满足新增负荷要求，为用户提供安全、可靠、充足、高效的电力供应；另一方面组建混合所有制配电公司后，预计综合售电价格将明显下降，有效降低企业用电成本，使企业享受到改革带来的红利，同时为当地招商引资提供有利条件，拉动地区经济社会的发展。电网公司应协助地方政府划定配电区域、明确配电范围，按照国家有关要求，配合政府部门做好电网统一规划，加强上级电网建设，确保外部电源的稳定可靠供应。

（3）从电网企业内在发展来看，推行电网企业混合所有制改革是必然。在新一轮电力体制改革背景下，开放合作已经成为电力行业创新转型的驱动力，而混合所有制改革则是电力行业提速发展的重要契机。电网企业在部分业务领域考虑引入混合所有制改革，一方面有利于获取外部资源，推动配网投资建设规划任务的顺利完成，提升配网投资建设和运营水平；另一方面有利于规范公司治理，发挥多元化投资主体各自优势，建立市场化激励约束机制，提高内部运营效率。

2.4.3 电网企业混合所有制改革的政策建议

2002 年国家电力体制改革以来，通过"厂网分开、竞价上网"，我国基本上形成了五大发电集团为主、多家发电企业补充的发电市场竞争格局。"厂"基本实现了市场竞争，对扩大电力生产规模、降低电力生产成本起到了积极作用。但是，至 2015 年新一轮电力体制改革之前，"网"一直保持垄断地位，国家电网有限公司和中国南方电网公司等电网企业垄断各自经营领域的输电、配电、售电业务。2015 年 3 月，中共中央、国务院颁布了《关于进一步深化电力体制改革的若干意见》，标志着新一轮电力体制改革正式开始。引入社会资本投资，推行混合所有制改革，成为电网企业当前及今后一个时期改革的重要方向。作为中央企业，电力市场的重要主体，建议电网企业在以下几个方面把握并积极执行国家政策。

（1）分类分层推进电网企业混合所有制改革。电力行业关系国计民生，关系到国家的能源战略安全。电力行业混合所有制改革的重要目标是有效发挥市场之手的无形作用，即在电力行业形成市场机制，增强电力行业市场信号作用，提高市场价格的敏感性，确定市场在电力资源配置机制中的基础作用。在竞争性业务和非竞争性业务分开的基础上，电网企业开展混合所有制改革需要明确哪些是可以全面放开的领域、哪些则是有限度放开或必须确保绝对控股的领域。从我国国情及电力工业发展现状来看，不宜对电网输电环节实施混合所有制体制，而社会资本进入电力行业发电、售电以及新增配网建设环节的条件已经具备。国家电力体制改革政策和混合所有制改革政策是电网企业混合所有制改革的行动指南。电网企业应模范执行国家政策，积极推动混合所有制改革。针对不同的领域，可借鉴中石化、中国建材等改革试点经验，分别采取股份制改制重组、调整股权结构、合作成立新公司、并购或参股私有或外资企业、上市募股、员工持股等方式开展混合所有制改革。在总部和子公司分开的基础上，通过试点方式，结合增量配电业务，积极推进混合所有制子公司组建，对于总部混合所有制改革慎重进行。

（2）以增量配电业务为试点推进混合所有制改革，积极打造示范项目。增量配电网投资放开是本次电力体制改革的重要方向之一，《9 号文件》提出放开增量配网投资的主要目的是希望基础设施建设方面能够实行混合所有制，一方面吸引投资，促进经济增长；另一方面提高电网运营效率，优化电力资源配置。增量配电业务改革为电网企业提供了选择权，即电网企业自主选择参与或不参与增量配电业务改革试点项目投资。试点项目投资可以由电网企业联合社会资本成立混合所有制配电公司，也可以由社会资本自由联合成立混合所有制配电公司，但是完全由社会资本投资、没有电网企业投资参与的混合所有制配电公司可能会给电网的建设、运营、收益带来诸多的不确定性。增量配电改革涉及面广、流程复杂，由电网企业和社会资本共同成立混合所有制企业，有助于促进增量配电改革的平稳、高效推进，以电网企业作为混合所有制的一方，共同参与竞争，能够保证电网的统一规划及安全稳定运行，降低供电成本和投资风险，社会资本的加入将促使电网企业改变原有的业务运作模式和公司治理模式，实现电网企业创新发展，从而进一步提高企业运营效率，提升供电服务质量。同时，增量配电改革的实质是引入市场竞争，打破电网垄断。市场竞争不仅包括电网企业与社会资本的外部竞争，还包括电网企业的内部竞争。在业主确定、配网运营等方面，电网企业均要参与竞争，这就要求电网企业必须加强公司治理能力，提升项目运营水平，提高电网运营效率，才能在市场竞争中获取更多资源，获得更高收益。增量配电改革试点项目是电网企业混合所有制改革的实施载体，目前，增量配电改革在我国属于新生事物，正处于试点前期阶段，组建混合所有制增量配电公司还在摸索中推进。建议电网企业积极应对，科学分析，为增量配电改革试点项目提供坚强的指导、支持和保障，助推项目顺利实施，努力打造一批全国增量配电改革的示范项目。

（3）输电和配电环节主要仍由电网企业主导。根据《关于国有企业功能界定与分类的指导意见》，电网企业属于处于重要行业和关键领域、主要承担重大专项任务的商业类国有企业（以下简称"商业Ⅱ类国有企业"）。商业Ⅱ类国有企业的主业处于关系国家安全、国民经济命脉的重要行业和关键领域，包括重要基础设施行业、重要自然资源行业、重要传输网络行业（含电网）、重要技术、数据和战略物资行业及国防军工等特殊产业。针对商业Ⅱ类国有企业，要保持国有资本控股地位，支持非国有资本参股。对于自然垄断行业，实行以政企分开、政资分开、特许经营、政府监管为主要内容的改革，根据不同行业特点施行网运分开、放开竞争性业务，促进公共资源配置市场化，同时加强分类依法监管，规范盈利模式。推行商业Ⅱ类国有企业混合所有制改革，既要符合混合所有制改革的基本要求，又要在最大程度上保证公益类国有企业社会功能的正常履行。电力行业由发、输、配、售电一系列环节构成，输电和配电环节具有自然垄断性性质，发电和售电环节可以引入竞争机制。根据这一特点，进一步深化电力体制改革应该关注输电和配电环节，放开竞争性的发电和售电环节，难点是在发电和售电环节培育对市场信号敏感的多元化市场主体，以便形成有利于竞争的多买多卖格局。我国发电环节在一定程度上已经实现了产权多元化，但输、配、售电环节仍然由国家电网有限公司和中国南方电网公司等电网企业一体化经营。因此，电力行业发展混合所有制应该按照不同环节的性质、现状和特点，在科学回答重点在什么环节发展和如何发展两个基本问题的基础上，采取差异化方式和针对性策略加以推进。从国际上看，世界电力市场化改革，大多将焦点置于建立完善的市场机制。产权式业务拆分已经不再是电力市场化改革的必备条件，并且出现了重回一体化的新趋势。例如，英国在体制改革后，各家电力公司之间频繁的兼并重组，经过 20 年的发展，发电企业和配售电企业重新合并，目前有 6 家发电—售电一体化公司，占总体市场份额 88% 以上；新西兰 5 大发售一体化公司占据了售电市场份额的 97%；俄罗斯也于 2012 年提出计划重回输配合一模式。从我国现实分析，2002 年启动的电力体制改革制定了明确的改革目标，就是要建立一个具有充分竞争性的电力市场。改革重点包括"政企分开、厂网分开、主辅分离、输配分开、竞价上网" 5 项内容，并分步实施。主辅分离改革过程中，2008 年年初的南方雪灾，改变了此轮改革的进程。电力建设单位此后虽然剥离电网企业，但输配分开被搁置。输配分离的难点在于电网资产的交织，难以对输电业务、配电业务进行独立财务核算。输配分离，边远贫穷的农村地域的配电网投资管理可能无人接手，配网的薄弱性也会因为投资加大导致亏损或配电价格上涨。配电公司的数量增加，也会因为增加协调难度导致电网运行的安全性降低，改革的难度更大。将自然垄断的电网环节区分为输电网和配电网，即输配分开，输配分开主要追求垄断环节的效率，通过输配环节间的比较竞争进一步优化网络，提高电能输送效率。是否进行电网输配分开改革，建议改革初期可不考虑，主要基于以下三点：① 输配分开是激发垄断环节内部效益的关键之举。对垄断环节的改革，可以产生两方面效益，一方面是将垄断环节从竞争环节中剥离出来产生的剥离效益；另一方面是将垄断的电网环节进一步分段产生的内部效应。应该按照先剥离、后分段的原则稳妥而有步骤地激发改革效益。② 输配分开并非当前建立电力市场的必要条件，本次改革重点将垄断性质的电网与市场进行隔离，为建立公平开放的电力市场创造条件，从国际经验看，输配分开是在市场化程度较高的情况下为实现垄断环节效益最大化而对垄断环节的进一步拆分，并非当前建立电力市场的必要条件。③ 初期输配暂不分开有利于减少改革阻力。为争取更多改革共识，在加强对电网企业成本监管、科学制定合理的输配电价的前提下可暂不进行输配分开，这样使电网企业组织及利益格局冲击较小，可以有效减少改革阻力，降低改革难度。

（4）调整售电业务，拓展售电市场。《9 号文件》指出，在进一步完善政企分开、厂网分开、主辅分开的基础上，按照"管住中间、放开两头"的体制架构，有序放开输配以外的竞争性环节电价，有序向社会资本开放配售电业务。与输配环节属于垄断环节不同，售电环节属于竞争性环节，具有可替代性和可改进性的特点，客户也拥有自主选择权。而售电环节的垄断经营阻断了电力市场供需双方的诉求，不利于售电企业经营成本的降低，效益的提升，也不利于客户市场化、多样化需求的满足。电网公司在售电方面，要改变新增的售电公司单纯追求售电收入的盈利模式，通过政策法规明确其在提高用户用电效率，为用户提供需求侧管理服务责任的同时，将为用户提供高效的用电策略作为其增加收益的主要途径。

《关于推进售电侧改革的实施意见》，首次明确提出电网企业可以成立售电公司参与竞争性售电，并将售电公司分为三类：① 电网企业的售电公司；② 社会资本投资增量配电网，拥有配电网运营权的售电公司；③ 独立的售电公司，不拥有配电网运营权，不承担保底配电服务。2016 年 10 月 8 日，国家发展改革委、国家能源局印发《售电公司准入与退出管理办法》（以下简称"《售电办法》"）和《有序放开配电网业务管理办法》（以下简称"《配电网办法》"），明确对市场化售电公司的准入和退出条件、享有的权利及应履行的义务、配电网放开的范畴、原则、运营等做出规定，标志着本轮电力体制改革的政策框架已逐渐搭建完整。两个办法对售电公司开展配电业务做出了一定的限制，特别对电网企业的售电公司限制尤为多。《售电办法》规定：售电公司可以自主选择交易机构跨省跨区购电；与同一配电区域内可以有多个售电公司；同一售电公司可在省内多个配电区域内售电。此条文意味着售电公司可突破省区壁垒以最优的形式拿到更便宜的电，同时可以在省内跨区域售电，打破了区域售电垄断。售电业务改革可总结为以下五个方向：① 拥有配网运营权，不得跨区从事配电业务。《配电网办法》中规定：同一配电区域内只能有一家公司拥有该配电网运营权，不得跨配电区域从事配电业务。限制配电跨区运营首先是避免配电网重复建设，保障电力在区域内的合理供给，避免跨区域经营下电力供应从低成本区域流向高电价区域。② 配电业务与售电业务分开核算。《配电网办法》中规定：拥有配电网运营权的售电公司，具备条件的要将配电业务和竞争性售电业务分开核算。配网是电力市场核心资产，售电公司实际上可以分两类，是否拥有配网资产是本质区别。而具备条件就意味着又将改革的时间轴拉长，德国、澳大利亚将配售电完全分开也花了十余年时间，在市场培育阶段，配售一体、发配售一体的模式是被允许存在的。③ 电网企业有配网运营权区域的竞争性售电业务逐步由独立售电公司承担。《配电网办法》中规定：电网企业控股增量配电网拥有其运营权，在配电区域内仅从事配电网业务。其竞争性售电业务，应逐步实现由独立的售电公司承担。鼓励电网企业与社会资本通过股权合作等方式成立产权多元化公司经营配电网。④ 禁止发电企业发输配一体化。《配电网办法》中规定：发电企业及其资本不得参与投资建设电厂向用户直接配电的专用线路，也不得参与投资建设电厂与其参与投资的增量配电网络相连的专用线路。这表明发电企业设想的发输配售一套的新的垄断模式被禁止；电网企业承担保底服务。当营业区内社会资本投资的配电公司无法履行责任时，电网公司也有义务承担原配电区域的保底配电服务。⑤ 争取配售一体化经营。目前大部分增量配电项目都采用配售一体化模式。配售一体化经营存在显著的范围经济性：一方面，通过配电网络能够强化与用户的联系，掌握用户资源，支持售电业务开展；另一方面，通过配用融合能够提高资产利用率，提升经济性。因此，配售一体化将是未来增量配电的主要运营模式。基于上述分析，建议电网企业投资增量配电业务，不仅要努力获取增量配电网的运营权，还要积极开展售电业务。一方面，电网企业要有效发挥企业在技术、人才、市场等方面的优势，将为用户提供高效的用电策略作为增加收益的主要途径，竞争获取更多客户资源；另一方面，增量配电业务的放开，容易出现用户流失的情况，电网企业要尝试利用"互联网+"、物联网、人工智能等新兴技术为用户提供个性化、综合性的能源增值服务，挖掘客户潜在需求，拓展售电市场。

组 建 篇

3 >

混合所有制增量配电公司组建的实现路径

混合所有制经济从本质上说是不同性质资本间的参股或联合的股份制经济。混合所有制实现路径包括外部混合所有制和内部混合所有制，其中外部混合所有制是指通过企业外部社会资本的引入实现混合所有制，包括股份制改制重组、调整股权结构、并购私有或外资企业、上市募股集资、PPP 模式组建新公司等方式；内部混合所有制指通过企业内部员工资本的引入实现非公有制，主要是员工持股计划。

3.1 股份制改制重组

现阶段的企业改制是在传统企业制度的基础上，改建为现代企业制度。企业重组是针对企业产权关系和其他债务、资产、管理、结构所展开的企业的改组、整顿与整合的过程，目的是从整体上和战略上改善企业经营管理状况，强化企业在市场上的竞争能力，推进企业创新。由于原公司的性质不同，因此要改制重组为股份有限公司，需要采取的模式也不同，主要有原续整体重组模式、合并整体重组模式、一分为二重组模式、主体重组模式。从企业重组具体形式的角度来看，原续整体重组模式、合并整体重组模式具有整合重组的特点；一分为二重组模式、主体重组模式具有分拆重组的特点。

3.1.1 原续整体重组模式

原续整体重组模式是指将被改组企业的全部资产投入股份有限公司，然后以之为股本，再增资扩股，发行股票和上市的重组模式，按照该模式进行重组，企业组织结构的变化在原企业组织机构的基础之上从原有的管理体制转换为适应上市要求的股份有限公司的管理体制。

国家主要选择一定数量的代表中国经济行业的大中型国有企业改组为境外上市公司，所以到目前为止只有部分企业采取了此种原续整体重组模式。企业一般在下列若干条件下选择原续整体改组模式：

（1）新建企业，或企业办社会的内容比较小且效益较好的老企业，它们的非生产体系比较小，而且有一定经济效益。

（2）位于中等以上的城市，企业在改组为上市公司之前（实际上是战略上市重组）就进行多项使企业办社会的实体走向市场的改革，尤其是企业职工的养老制度、住房制度、医院和学校的改革。

（3）内部隐性失业率小或者上市之后有能力有效地转移内部劳动力从而提高劳动生产率。

（4）有条件下的企业职工的住房制度改革、离退休职工养老制度的改革等将逐步市场化。

原续整体重组模式一般不适应于大型企业和企业集团的重组。

3.1.2　合并整体重组模式

合并整体重组模式是指全部投入被改组企业的资产并吸收其他权益作为共同发起人而设立股份有限公司，然后以之为股本，再增资扩股，发行股票和上市的重组模式。

合并主体重组模式的关键在于选择合适的合并对象。合并的对象应该已经具有或者潜在具有较好的经济效益，它们可以是法人，也可以是不具有法人资格的资本权益，如果合并的对象是法人，合并后或其法人资格消失，或成为上市公司的子公司。

企业选择合并整体重组模式一般应考虑如下因素：

（1）企业首先必须具备符合选择原续整体重组模式的主要条件，其中最重要的是企业本身不需要剥离。

（2）具有较好的合并对象。一般只有下列情况下才考虑合并：① 企业与合并对象在产品上有关联性，要么是生产同一种产品，要么具有互补性或工序的连续性；② 互补对象在土地、市场、原材料供应等方面对企业上市后有特别的意义。

（3）合并整体重组模式很适合战略上市重组，即企业或某一部门为了将来某一企业赴境外上市而提前几年对企业按照合并整体重组模式实施战略重组，这极有利于提高企业今后的上市效果。

（4）该模式条件下的企业职工的住房制度改革、离退休职工养老制度等改革将逐步市场化。

3.1.3 一分为二重组模式

一分为二重组模式是指将被改组企业的专业生产的经营和管理系统与原企业的其他部门相分离，并分别以之为基础成立两个（或多个）独立的法人，直属于原企业的所有者，原企业的法人地位不复存在，再将专业生产的经营管理系统重组为股份有限公司的重组模式。

企业一般在下列现状至少之一的情况下选择一分为二模式：

（1）企业的非经营性系统的数量大且效益低。非生产经营系统数量较多，而且创利水平较低，甚至亏损，中国的老企业、大企业都呈现这种情况。如把这些非生产经营系统的资产放在股份有限公司里，要么净资产利润率、每股税后红利极低，不利于上市筹资；要么资产评估时人为地减少资产数量，使国有资产人为的流失。

（2）企业的辅助生产系统数量大且效率低。

（3）企业的生产性系统中有较大数量的效益低下实体（资产）。

（4）企业希望法人按自己专业化的发展方向来提高效益，走向市场。

3.1.4 主体重组模式

主体重组模式是指将改组企业的专业生产经营系统改组为股份有限公司，原企业变成控股公司，原企业非专业生产经营系统改组为控股公司的全资子公司（或其他形式）的重组模式。这种模式的特点在于保留了原企业的法人地位，把主要生产经营资产股入到上市公司，把股份有限公司（上市公司）变成了原企业（控股公司）的控股子公司。控股公司仍以全民所有制的性质和国家保持原有渠道，有利于保留企业政策上的稳定性。这种模式的实际运作基本同一分为二模式，其关键的区别在于控股公司是原企业。

选择主体重组模式考虑的情况同选择一分为二重组模式差不多。可以说，中国绝大多数大型企业都是以企业集团的形式存在的。主体重组模式是企业集团改组为上市公司的典型形式。

3.2 调整股权结构

股权结构是指股份公司总股本中，不同性质的股份所占的比例及其相互关系。股权即股票持有者所具有的与其拥有的股票比例相应的权益及承担一定责任的权利（义务）。股权结构是公司治理结构的基础，公司治理结构则是股权结构的具体运行形式。不同的股权结构决定了不同的企业组织结构，从而决定了不同的企业治理结构，最终决定了企业的行为和绩效。国有企业可以通过吸引非公有资本参股，调整股权结构，实现混合所有制。国有企业引入私有资本，主要方式有通过股权转让方式引入新的投资者；实施增资扩股，引入新的投资者。

3.2.1 股权转让

股权转让，是公司股东依法将自己的股东权益有偿转让给他人，使他人取得股权的民事法律行为。股权转让是股东行使股权经常而普遍的方式，《中华人民共和国公司法》规定股东有权通过法定方式转让其全部出资或者部分出资。全部转让的，转让人不再是公司股东，受让人成为公司股东；部分转让的，转让人不再就已转让部分享受股东权益，受让人就已受让部分享受股东权益。股权在本质上是股东对公司及其事务的控制权或者支配权，是股东基于出资而享有的法律地位和权利的总称。具体包括收益权、表决权、知情权以及其他权利。股权转让的实施，实践中可依两种方式进行：

（1）先履行上述程序性和实体性要件后，与确定的受让人签订股权转让协议，使受让人成为公司的股东。这种方式双方均无太大风险。但在未签订股权转让协议之前，应签订股权转让草案，对股权转让相关事宜进行约定，并约定违约责任即缔约过失责任的承担。

（2）转让人与受让人先行签订股权转让协议，而后由转让人在公司中履行程序及实体条件。但这种方式存在不能实现股权转让的目的，以受让人来说风险是很大的，一般来说，受让人要先支付部分转让款，如股权转让不能实现，受让人就要承担追回该笔款项存在的风险。

3.2.2 增资扩股

增资扩股是指企业向社会募集股份、发行股票、新股东投资入股或原股东增加投资、扩大股权，从而增加企业的资本金。增资扩股的方式主要有增加票面价值、增加出资、发行新股或者债转股。

（1）增加票面价值，是指公司在不改变原有股份总数的情况下增加每股金额。通过这种方式可以达到增加资本的目的。譬如，法定公积金，应分配股利留存，以及股东新缴纳的股款，均可计入每股份中，从而使其票面价值增加。

（2）增加出资，有限责任公司如果需要增加资本，可以按照原有股东的出资比例增加出资，也可以邀请原有股东以外的其他人出资。如果是原有股东认购出资，可以另外缴纳股款，也可以将资本公积金或者应分配股利留存转换为出资。

（3）发行新股，股份有限公司增加股份可以采取发行新股的方式。发行新股是指公司为了扩大资本需求而发行新的股份。发行新股份既可以向社会公众募集，也可以由原有股东认购。通常情况下，公司原有股东享有优先认购权。

（4）债转股，股份有限公司增加股份数额还可以采取将可转换公司债券转换为公司股份的方式。可转换公司债券是一种可以转换为公司股票的债券，如果将该种债券转换成为公司股份，则该负债消灭，公司股本增加。

3.3　并购私有或外资企业

并购是两家或者更多的独立企业合并组成一家企业，通常由一家占优势的企业吸收一家或者多家企业。并购的实质是在企业控制权运动过程中，各权利主体依据企业产权作出的制度安排而进行的一种权利让渡行为。并购活动是在一定的财产权利制度和企业制度条件下进行的，在并购过程中，某一或某一部分权利主体通过出让所拥有的对企业的控制权而获得相应的收益，另一个部分权利主体则通过付出一定代价而获取这部分控制权。企业并购的过程实质上是企业权利主体不断变换的过程。并购是国有企业对外投资的方式之一，国有企业可以通过并购、参股私有或外资企业，打造混合所有制企业，发展混合所有制经济。通常，并购的方式包括兼并、合并与收购。

3.3.1　兼并

兼并是指通过产权的有偿转让，把其他企业并入本企业或企业集团中，使被兼并的企业失去法人资格或改变法人实体的经济行为。通常是指一家企业以现金、证券或其他形式购买取得其他企业的产权、使其他企业丧失法人资格或改变法人实体，并取得对这些企业决策控制权的经济行为。企业兼并的核心问题是要确定产权价格，这是转移被兼并企业产权的法律依据。兼并的主要形式有：

（1）购买兼并，即兼并方通过对被兼并方所有债权债务的清理和清产核资，协商作价，支付产权转让费，取得被兼并方的产权。

（2）接收兼并，这种兼并方式是以兼并方承担被兼并方的所有债权、债务、人员安排以及退休人员的工资等为代价，全面接收被兼并企业，取得对被兼并方资产的产权。

（3）控股兼并，即两个或两个以上的企业在共同的生产经营过程中，某一企业以其在股份比例上的优势，吸收其他企业的股份份额形成事实上的控制关系，从而达到兼并的目的。

（4）行政合并，即通过国家行政干预将经营不善、亏损严重的企业，划归为本系统内或行政地域管辖内最有经营优势的企业，不过这种兼并形式不具备严格法律意义上的企业兼并。

（5）企业兼并，是企业经营管理体制改革的重大进展，对促进企业加强经营管理，提高经济效益，有效配置社会资源具有重要意义。

3.3.2　合并

合并，指两家以上的公司依契约或法令归并为一个公司的行为，是将两个或者两个以上单独的企业合并形成一个报告主体的交易或事项。企业合并是资本集中从而市场集中的基本形式。根据国际准则，按照法律形式，将企业合并分为以下三种形式：

（1）吸收合并。吸收合并是指两家或两家以上的企业合并成一家企业，其中一家企业将另一家企业或多家企业吸收进自己的企业，并以自己的名义继续经营，而被吸收的企业在合并后丧失法人地位，解散消失。

（2）创立合并。创立合并是指几家企业协议合并组成一家新的企业。也就是说，经过这种形式的合并，原来的各家企业均不复存在，而由新企业经营。

（3）控股合并。控股合并是指一家企业购进或取得了另一家企业有投票表决权的股份或出资证明书，且已达到控制后者经营和财务方针的持股比例的企业合并形式。

3.3.3 收购

收购是企业通过一定的程序和手段取得某一企业的部分或全部所有权的投资行为。购买者一般通过现金或股票完成收购，取得被收购企业的实际控制权。国际企业收购的结果是跨国性的参股、接管或兼并。从历史和现状来看，它一直是国际直接投资的主要形式之一。企业收购的程序或渠道是非单一性的，基本上可概括为间接收购和直接收购。

（1）间接收购。间接收购是指购买者并不向被购方直接提出购买的要求，而是在证券市场比高于股市价格水平的价格大量收购一家公司的普通股票，达到控制该公司的目的，其结果可能会引起公司间的激烈对抗；或者是利用一家公司的股价下跌之机，大量买进该公司的普通股，达到控制该公司的目的。

（2）直接收购。直接收购是指收购者直接向一家公司提出拥有所有权的要求。如果是部分所有权要求，该公司可能会允许购买者取得增加发行的新股票；若是全部所有权的要求，则可由双方共同磋商，在兼顾共同利益的基础上确定所有权转让的条件和形式。在直接收购中，被收购方还可能出于某种原因主动提出邀请。

3.4 上市募股集资

通过混合所有制实现企业集团或者部分板块上市，也是国企混合所有制体制的重要抓手。就上市而言，混合所有制改革要规范企业改制重组的审批手续，优化资产评估、清产核资、底价确定、交易管理等程序。业务板块如技术先进或者资产价值较高的竞争性业务板块，可通过资产剥离与注入的方式实现上市。通过上市，可以进一步吸引社会非公资本，优化股权结构，深化混合所有制。同时，还可以进一步提高企业的融资能力，降低融资成本，提高企业知名度，拓展企业发展空间，并接受上市公司的规范化管理，监控国有企业完善现代企业制度。

电网企业需要充分利用已经上市的资本平台，例如，平高电气、许继电气、国电南瑞等，确保公司对核心业务与技术的控制力，统筹研究以产业优质业务和资产进行转让、注入、置换和定向增发，合并重组业务关联企业，增强产业竞争力和行业影响力，努力争取公司分板块上市。通过体制改革促进公司发展方式、管理方式的转变，实现资本统一运作。

募股集资是股份有限公司以公开向社会发行股票的形式向社会收集资金，并以公司利润向股东（买股票者）支付相应的股息。在我国，股份有限公司经国家批准才可以在我国特定的股票交易所（上证所、深证所）上市融资，有限责任公司没有这个权力。募股集资主要方式有：

（1）首发，俗称 IPO，即首次发行上市。首发指企业通过证券交易所首次公开向投资者增发股票，以期募集用于集体发展资金的过程。通过首发模式，上市公司确定总股本及流通股本，向市场上广大的投资者募集资金，包括机构投资者和个人投资者。

（2）增发，一般为定向增发，即向特定的人群发行，以发行股票等方式融集资本。增发与首次发行上市的区别是该种模式向固定的人群发行，比如上市公司高管等。

（3）配股，即向股票持有者（股东），约定以某一价格买卖股票的行为，通过该种方式，上市公司增加流通股本，募集资金，通常称为再融资。

3.5 PPP 模式组建新公司

3.5.1 PPP 模式概述

public – private partnership（以下简称"PPP 模式"），是社会资本与政府部门合作，共同参与基础设施和公用事业项目投资运营的一种制度创新。PPP 模式是一种设计基础设施和公用事业投资、建设与运营的制度安排，由政府机构和经济主体基于各自优势，共同提供服务、获取收益、分担风险。简单来讲，就是政府联合社会资本共同实施项目投资建设。通过开展合作，社会资本提供资金和运营，减轻政府财政预算压力和经营风险，政府机构提供政策服务、公共资产或资金支持，进而降低投资者面临的政策和市场环境等风险，吸引私人投资。

PPP 模式起源于英国，最初主要目的是丰富基础设施融资渠道，提升基础设施供给效率，较多地应用于公路、铁路建设等交通领域。随着 PPP 融资功能逐渐拓展，已逐步覆盖大多数公共产品和服务领域。20 世纪 90 年代就被许多发达国家采用，当前美日等发达国家已经建立起较为成熟的相关机制。早在 20 世纪 80 年代中期，PPP 模式就被引入国内。广东的探索实践开启国内 PPP 模式先河。深圳沙角 B 电厂、白天鹅宾馆，都是国内早期运用 PPP 模式，实现政府与社会资本互惠合作的成功典范。2014 以来，PPP 模式在我国得到加速推广。根据财政部公布的统计数据显示，截至 2018 年 7 月底，全国 PPP 综合信息平台项目库累计入库项目 7867 个、投资额达 11.8 万亿元，涉及公路、铁路、机场、城市轨道交通等交通设施，医疗、旅游、教育培训、健康养老等公共服务项目，以及水利、资源环境和生态保护等项目。由于电力领域投资规模大、需求长期稳定，因此拓展 PPP 模式融资渠道，引入社会资本创新机制，对促进市场机制配置资源、提高能源领域公共服务水平将发挥重要作用。PPP 模式的典型特征主要体现在以下几个方面：① 伙伴关系。PPP 模式的本质是一种基于合约的政府和社会资本合作过程，双方的权利、义务、风险分担、利益补偿等均以合同明确。在这一合作过程中，政府和社会资本是平等主体，是一种伙伴关系。② 利益共享。PPP 项目都是带有一定公益性质的项目，经济效益与社会效益并重。公共部门与社会资本并不是简单地分享利润，需要对参与项目的民营企业等社会资本可能形成的超额利润加以控制，但又要保证一定的收益率，给予其相对长期稳定的投资回报。③ 风险分担。政府机构与社会资本合理分担风险的特征，是 PPP 模式区别于其他交易形式的显著标志。政府机构尽可能多地承担自己具备优势方面的潜在伴生风险，社会资本则按其相对优势承担较多的、甚至全部的具体管理职责。通过双方风险分担，将整体风险最小化。

从操作模式选择来看，PPP 操作模式可分为经营性项目、准经营性项目和非经营性项目三大类。其中经营性项目一般具有明确的收费基础，并且经营收费能够完全覆盖投资成本，大多采用建设—运营—移交（BOT）、建设—拥有—运营—移交（BOOT）等模式推进。准经营性项目往往经营收费不足以覆盖投资成本，仍需要政府补贴部分资金或资源。一般通过政府授予特许经营权附加部分补贴或直接投资参股等措施，通过建立投资、补贴与价格的协同机制，为投资者获得合理回报积极创造条件。非经营性项目则由于缺乏使用者付费基础，主要依靠政府购买服务回收投资成本。

3.5.2 PPP 模式政策解读

2014 年，国务院有关部门先后出台《政府和社会资本合作模式操作指南（试行）》、30 个 PPP 示范项目清单以及《开展政府与社会资本合作的指导意见》，四川、湖南、江苏、河北、河南、福建等省份还出台了专门文件。根据财政部的指南文件，价格调整机制相对灵活、市场化程度相对较高、投资规模相对较大、需求长期稳定等特点的项目适合采用 PPP 模式，目前主推的 PPP 项目主要采用经营性项目的操作模式落地，即直接从最终用户处收取费用，以回收项目的建设和运营成本并获得合理收益。具体而言，PPP 模式主要应用于基础设施、公用事业、公共服务等领域，如能源、交通、水利、环保、市政工程、农业、林业、教育、医疗、养老等。因为这些领域大都具有较强的外部性，涉及公共利益，若完全由经济主体投资主导可能存在前期投资不足、产品定价过高、服务质量无法保证等问题。在我国，这些领域长期由国有企业经营，国有企业的数量和体量在不断增大。国有企业虽然保证了前期投资的相对重组与产品定价的基本稳定，但生产效率偏低、亏损企业较多、服务质量不高等问题，使公共财政负担大幅加重。更好利用 PPP 模式推进国企混合所有制改革，一方面要增加优质项目储备，有效吸引社会资本；另一方面要加强信息公开服务，实行阳光化运作，依法充分披露政府和社会资本合作项目重要信息，保障公共知情权，对参与各方形成有效监督和约束。

推广 PPP 模式，关键是要优化政府的投资方式。政府可以通过发布一批优质项目吸引社会资本参与合作，组建负责项目建设、运营的专门公司，促成国有资本与其他性质社会资本加强股权合作。同时，政府应注重引入长期投资者，为各类社会资本开展 PPP 合作提供充分支持。2015 年，中华人民共和国财政部、国家发展改革委、人民银行发布的《关于在公共服务领域推广政府和社会资本合作模式的指导意见》明确提出了四种政府投资方式。与以往政府彻底包干的投资方式不同，这些方式更加市场化、长期化，对于降低项目运营成本和风险大有裨益。

（1）投资补助，对社会资本的投资进行直接补助。按照中央预算内投资一次性补助、地方政府或项目业主单位承担剩余补助的方式对 PPP 项目前期给予专项补助。为了加强对补助资金申请和使用的管理与监督，国家发展改革委专门出台《政府和社会资本合作项目前期工作专项补助资金管理暂行办法》，确保资金补助规范合理使用。

（2）注资，通过财政资金、建立投资引导基金或联合产业投资基金，以撬动更大规模的社会资本投资 PPP 模式。资金还可以来自国有银行、国际金融机构相关基金。政府可以通过委托各国有投资机构筹备投资基金，在基金管理机构注册等级后可以按照私募相关方式吸引工商企业、投资机构、社保基金等机构投资者参与。

（3）担保补贴，政府对 PPP 项目提供相关担保，通过建立相应的风险补偿机制，利用担保、再担保为项目获得更多贷款和增信提供支持。

（4）贷款贴息，政府对 PPP 项目的贷款实施贴息政策，以降低 PPP 项目的融资成本。贴息资金来自 PPP 相关项目的专项资金，财政部门可以就具体贷款期限、贴息率、贴息期限进行确定。

2015 年 9 月，国务院印发的《关于国有企业发展混合所有制经济的意见》明确指出，"鼓励社会资本投资或参股基础设施、公用事业、公共服务等领域项目"，这为利用 PPP 模式推进国有企业混合所有制改革创造了积极条件。与国企混合所有制改革的其他方式不同，PPP 模式通常是针对某一项目设立一个新公司，在该公司内实现国有资本与社会资本混合。由于以吸引社会资本为优先，国有资本一般不会追求绝对控股，这有利于避免国有股一股独大，增加社会资本话语权。在混合所有制企业中，可以促进各类资本优势互补，既凸显国有资本的实力优势和带动作用，又发回其他非国有资本的灵活性，让非国有资本拥有更大的话语权，更有利于形成以市场为导向的公司治理机制。

3.5.3　PPP 模式在增量配电领域应用

2016 年以来，国家发展改革委、国家能源局等部门下发了《关于在能源领域积极推广政府和社会资本合作模式的通知》等一系列文件，鼓励和引导社会资本投资能源电力等领域，推广 PPP 模式应用。其中，石油和天然气类项目，主要围绕油气管网主干/支线、城市配气管网和城市储气设施、液化天然气（LNG）接收站、石油和天然气储备设施等领域；电力及新能源类项目，重点推广配电/城市配电网建设改造、农村电网改造升级、资产界面清晰的输电项目、增量配电网、充电基础设施建设运营、分布式能源发电项目、微电网建设改造、智能电网项目、储能项目、电能替代项目等领域。其中，增量配电网领域是我国电力体制改革的重要切入点，资金需求量极大。根据国家能源局《配电网建设改造行动计划（2015—2020 年）》，"十三五"期间我国配电网累计投资不低于 1.7 万亿元。从项目实施机构来看，《关于开展政府和社会资本合作的指导意见》等文件明确，增量配电网 PPP 项目实施机构可以是地方能源管理部门，以及地方政府委托的相关单位，如经济开发区、产业试点区域管委会等；项目投资参与方主要包括传统电网企业和发电企业、高新产业试点区域和经济技术开发区等地方企业、中电建与中能建等电力建设企业、向下游配电网领域延伸的电力设备供应商，以及对电力系统运营业务感兴趣的社会资本等。

对于混合所有制增量配电改革，通常采用合作成立新公司的方式实现混合所有制改革。针对竞争性业务，电网企业可以放开经营主体，组建混合所有制的合资公司，通过采取国有资本与其他社会资本共同持股、相互融合的混合所有制形式，调整与优化资本结构，引入民营资本，盘活存量。同时，建立和完善现代企业制度，实现不同类型资本优势互补，相互促进，共同发展。采取 PPP 模式，引入社会资本参与组建混合所有制增量配电公司，重点要解决谁来参与、怎样参与、为什么参与的问题。

（1）谁来参与。合作成立新公司，即电网企业通过与其他公有、非公有企业合资成立新的公司或项目机构，实现混合所有制。混合所有制企业，是由公有资本（国有资本和集体资本）与非公有制资本（民营资本和外国资本）共同参股组建而成的新型企业形式。混合所有制企业的出现是伴随着改革开放的深入，现代企业制度的确立以及股份制企业的涌现而出现的新兴的企业组建模式。合作成立的新公司或项目机构所开发或经营的业务范围通常仅限于与原企业主营业务相关的一些新的领域或新的业务，如增量配电业务。电网企业可在增量配电业务领域积极组建合资公司，推行混合所有制改革。电网企业在该领域推进混合所有制，组建合资公司，可以考虑将各方的资金、土地以及经营模式融入充换电设施工程与服务市场中，与合作方建立长期利润分成模式，以获取优质土地与客户资源，注重对行业上下游与其他产业的整合，提高盈利能力。电网企业可以成立专门的售电公司，待稳定运营构筑售电市场竞争优势后，不断开发市场化增值业务、金融衍生业务等，从企业长远发展出发考虑吸纳优质社会资本，引入战略投资者，获得投资者在公司管理或技术方面的支持，共同建立混合所有制售电公司，致力优化售电公司股权结构、提升资产质量。

（2）怎样参与。首先，政府授权地方能源管理部门会同相关部门负责 PPP 项目的前期评估论证，进行项目遴选和实施方案编制；其次，科学筛选具备管理经验、专业实力以及信用状况良好的投资参与者作为合作伙伴，签订 PPP 合同协议；投资参与方进一步选择与政府部门基于股权投资、参股分红等方式共同设立出资成立项目公司，对增量配电网项目投资、建设和运营，向用户提供服务。项目合作期满后，将项目资产移交政府指定机构，或者仅选择拥有投资收益权，与售电公司自主签订委托协议，具体配电网运营权委托电网企业或符合条件的售电公司进行。

（3）为什么参与。参与方的项目收益主要来自配电收入以及有偿为各类用户提供的增值服务。一方面，基于准许成本加合理收益的测算，按照政府核定的配电价格收取配电费；另一方面，可以深入拓展智能用电、用户合同能源管理等服务，以及配电、供冷、供热等智能化的综合能源服务等，开辟新的收入来源。此外，也可在某些 PPP 项目协议中明确，申请在运行初期最终用户付费不足以满足社会资本或项目公司成本回收和合理回报时，由政府以财政补贴、优惠贷款和其他优惠政策的形式，给予一定的可行性缺口补助。

但是，在参与 PPP 的过程中，潜在的风险与挑战同样不容忽视。在一些已开展 PPP 的项目中，由于政府审批延误、决策流程冗长、市场收益不确定等一系列风险依然存在，尤其是由于招商引资不成功导致企业入驻试点区域率较低，从而使配电网投资面临市场需求波动的风险。机遇与挑战并存，更需要大胆尝试、审慎运作，建立科学的风险分担机制、完善决策流程，在扩大盈利的同时，谨慎防范各类风险。

3.6 员工持股计划

3.6.1 员工持股计划概述

员工持股计划（employee stock ownership plan，ESOP）又称之为员工持股制度，是指通过让员工持有本公司股票和期权而使其获得激励的一种长期绩效奖励计划，即公司通过专门设计的正式计划，使广泛的普通员工共同持有公司股权。员工持股的理论基础是共享经济学说。该理论认为财富是由物质资本的投入者和人力资本的投入者共同创造的，缺少其中任何一方都无法实现。所有人力资本投入者以人力资本的形式计价，分享企业的利润，通过员工持股实现员工角色的转化，成为企业所有者，调动了员工的工作积极性，也有利于平衡经营者或员工个人短期利益和企业长期利益之间的相互关系。根据国内外实践，员工持股有四种基本形式：产权激励制度、普惠性员工持股、新股发行中规定一定比例的员工股并鼓励员工认购、国有企业或国有控股公司下由员工集资建立子公司。当前，推行员工持股计划对国有企业的发展具有重要意义。

（1）有利于进一步优化国有企业股权结构，推动国有企业混合所有制体制步伐。对国有企业引入社会资本，实行企业高管、关键岗位的经营管理人员、技术核心人员直接持股或以某种方式间接持股，形成国有股、非国有股、员工持股的三足鼎立之势，能够促进产业结构多元化，进一步推动国有企业混合所有制改革。

（2）有利于完善企业法人治理结构和改善公司治理水平，提高企业运行效率。实施员工持股，将决定企业核心竞争力的人才资源紧紧地同企业自身的命运和发展结合起来，让员工拥有股东的身份，使国有企业拥有了实在的所有权权益主体，有助于优化国有企业法人治理结构。同时，通过股权的激励，能够增强员工对公司长期发展的关切度和管理的参与度，进一步规范企业的管理体制和运行机构，不断改善公司治理水平。另外，通过实施员工持股，形成相互制衡、利益共享、风险共担机制，发挥各方的优势，调动各方的积极性，能够挖掘企业内部成长的原动力，提高骨干员工的凝聚力，将有助于改善国有企业经营效率，提高国有企业的竞争力和盈利能力。

（3）作为国有企业薪酬制度改革的有益补充，探索实行混合所有制企业员工持股，可以更好地推进国有企业薪酬市场化。股权是民企和外企高管、核心技术人员薪酬的重要组成部分。国企薪酬构成引入股权，将更好地吸引、激励、保留高管、核心技术人员。

3.6.2　员工持股计划政策解读

改革开放以来，中国企业的员工持股是国有企业在公司制和股份制改造过程中逐步发展起来的一种股权制度安排。党的十八届三中全会提出允许混合所有制经济实行企业员工持股，形成资本所有者和劳动者利益共同体，员工持股制度再次走到了国有企业改革的前沿。

《国务院关于国有企业发展混合所有制经济的意见》（国发〔2015〕54号）指出，探索实行混合所有制企业员工持股。坚持激励和约束相结合的原则，通过试点稳妥推进员工持股。员工持股主要采取增资扩股、出资新设等方式，优先支持人才资本和技术要素贡献占比较高的转制科研院所、高新技术企业和科技服务型企业开展试点，支持对企业经营业绩和持续发展有直接或较大影响的科研人员、经营管理人员和业务骨干等持股。完善相关政策，健全审核程序，规范操作流程，严格资产评估，建立健全股权流转和退出机制，确保员工持股公开透明，严禁暗箱操作，防止利益输送。混合所有制企业实行员工持股，要按照混合所有制企业实行员工持股试点的有关工作要求组织实施。

2016年8月，国资委印发《关于国有控股混合所有制企业开展员工持股试点的意见》的通知，为国有控股混合所有制企业员工持股试点工作提供了实施方针。员工持股使企业所有权主体从原来的少数股东资本所有者扩展到相当一部分的员工劳动所有者甚至是全体员工。员工不再仅仅是劳动者,他们同时还是企业的所有者。在积极推进混合所有制改革的大背景下将有更多的国有企业开始引入员工持股制度。在汲取过去经验教训基础上,更规范、更迅速地发展。另外,实行员工持股,其不仅仅具有对国有企业引人非公资本的混合所有制改革的意义,还在于员工持股具有长期激励效应有利于充分发挥人力资本的作用,促进包括国有和非国有在内的所有企业长远发展进而促进混合所有制经济的整体发展。

为规范国有企业员工持股尤其是管理层持股行为,2008 年 10 月,国资委发布了《关于规范国有企业职工持股、投资的意见》征求意见稿。《关于规范国有企业职工持股、投资的意见》的主导思想是控大放小,即控制管理层和员工持有国有大型企业股权的比例,鼓励员工持股参与国有中小企业。这体现了两个主流观点:① 员工持股制度通常适用于规模小的企业;② 规模大的企业则要限制员工持股的比例。人们通常认为大型企业或特大型企业拥有上百亿的资产总量,即使是核心管理人员或者技术骨干持股,其持股比例在总量中也微不足道从而会削弱员工持股的积极性。但从实践层面看一些规模很大的企业如联想、华为等,都很好地利用了员工持股制度,取得了长足发展。当然,不容忽视的一个重要经验是这些集团往往是在企业规模尚小的起步阶段就有计划地开展了员工持股,随着企业不断发展壮大其作用也日益凸显。

3.6.3 员工持股计划分类

(1) 根据企业推行员工持股的种类,可分为福利型、风险型和集资型。

1) 福利型的员工持股。有多种形式,目的是为企业员工谋取福利,吸引和保留人才,增加企业的凝聚力。是将员工的贡献与拥有的股份相挂钩,逐步增加员工股票积累;并把员工持股与退休计划结合起来,为员工的未来积累多种收入来源。而诸如将实行员工持股与社会养老计划结合起来,员工每月拿出一部分工资购买企业一定比例的股权;向员工(主要是退休雇员)和高级管理人员提供低价股票、实行股票期权、进行企业与员工利润分享等方式,也属于福利型的员工持股。福利型的员工持股,侧重于把员工持股同养老和社会保险结合起来,为员工增加收益,从而解除员工退休后的后顾之忧,起到激励员工长期为企业尽心尽力工作的作用。不足之处是易使员工产生福利收益固定化的思想,不利于发挥其应有的激励作用。

2）风险型的员工持股。其直接目的是提高企业的效率，特别是提高企业的资本效率。它与福利型员工持股的区别在于，企业实施风险型员工持股时，只有企业效率增长，员工才能得到收益。风险型的员工持股，主要通过员工出资购买或以降薪换取企业股份，并规定较长期限内不能转让兑现来建立风险共担、利益共享的机制。但风险过大，时间过长，可能使员工对预期的收益目标失去信心。

3）集资型的员工持股。目的在于使企业能集中得到生产经营、技术开发、项目投资所需要的资金，它要求企业员工一次性出资数额较大，员工和企业所承担的风险相对也较大。集资型的员工持股，初衷是企业通过员工出资来缓解资金不足的矛盾，实现个人利益与企业发展的结合。它在那些经营缺乏资金，一时又难以通过贷款解决的中小企业采用较多，实施前要充分考虑风险性和员工的承受力。

（2）根据员工持股的资金来源方式，可以分为融资型和非融资型两种。

1）融资型的员工持股主要是利用信贷杠杆来实现。这种做法涉及员工持股（基金）会、公司、公司股东和银行四个方面。首先，成立一个员工持股计划信托基金，然后由公司担保，由该基金会出面，以实行员工持股的名义向银行贷款购买公司股东手中的部分股票，购入的股票由员工持股（基金）会掌握，并利用因此分得的公司利润及公司其他福利计划中转来的资金归还银行贷款的利息和本金。随着贷款的归还，按事先约定的比例将股票逐步转入员工账户；贷款全部还清后，股票全部归员工所有。

2）非融资型的员工持股计划是指持股不利用银行贷款，而是直接由企业向员工持股（基金）会提供一定数量股票或一定资金用于购买企业股票。

（3）根据员工持股方式，可以分为员工个人持股、商业信托持股、企业法人持股。员工持股方式不同，对股权集中程度、所受法律约束、员工出资方式、操作程序等七个方面产生不同的结果，见表3-1。

表3-1　　　　　　　　员工不同持股方式的比较

方式	员工个人持股	商业信托持股	企业法人持股
股权集中程度	分散	集中	集中
适用法律	《中华人民共和国公司法》《中华人民共和国合同法》	《中华人民共和国公司法》《中华人民共和国信托法》	《中华人民共和国公司法》
员工出资方式	员工与企业签订	员工与信托公司签订	通过壳公司间接出资
名义股东	—	信托公司	壳公司中的股东代表

续表

方式	员工个人持股	商业信托持股	企业法人持股
对企业决策的影响程度	弱	强	弱
股东权益实现	个人行使股东权利	信托公司行使股东权利，员工享受信托收益权	股东代表集中行使股东权利，员工享有间接表决权、收益权
操作程序烦琐程度	简单	较复杂	复杂

资料来源：国家发展改革委体改司. 国企混合所有制体制面对面：发展混合所有制经济政策解读［M］. 北京：人民出版社，2015.

3.7 电网企业混合所有制改革的路径选择

2018 年 12 月 25 日，国家电网有限公司召开新闻发布会，发布深化改革十大举措，扩大混合所有制改革范围，继续把改革开放推向前进。其中包括，特高压直流工程领域引入社会资本、加快推进增量配电改革试点落地见效、推进交易机构股份制改造、加大综合能源服务领域开放合作、开展抽水蓄能领域投资合作、推进装备制造企业分板块整体上市、加快电动汽车公司混合所有制改革、开展信息通信产业混合所有制改革、推进通航业务混合所有制改革、深化金融业务混合所有制改革等十项重点工作。这十大改革举措，既有股份制改制重组，调整股权结构，也有上市募股、组建新公司等方式。由于员工持股计划存在国有资产流失的风险，因此混合所有制改革中员工持股方式论证和实际操作比较谨慎。此次发布会上，国家电网有限公司进一步明确增量配电混合所有制改革的策略，即是"坚持因地施策、因业施策、因企施策，宜独则独、宜控则控、宜参则参，成熟一个推进一个"。这标志着经过近三年探索，混合所有制改革的策略从积极要求控股的目标向更加理性、客观的方向转变。

基于混合所有制实现的外部路径，建议电网企业选择 PPP 模式组建混合所有制增量配电公司，实现增量配电业务的混合所有制改革。组建新公司的方式与 PPP 模式原理相通、方式统一，已被广泛应用于国企混合所有制改革的实践。增量配电改革是新一轮电力体制改革的重要方向之一，国家发展改革委、国家能源局发布的《有序放开配电网业务管理办法》明确提出，以混合所有制方式投资、建设、运营增量配电网。混合所有制既是增量配电改革政策的鲜明特征，也是增量配电改革的实现方式。电网企业垄断增量配电业务的格局将被逐步打破，国有资本和社会资本共同参与增量配电改革已是大势所趋。增量配电项目是以政府为主体主导的改革，实施过程中主要推广 PPP 模式组建新公司，即通过地方公共招标平台，公开发布项目股权采购招标，这就决定了电网企业混合所有制改革的主要路径是通过与战略投资者合作，友好协商存量资产处置方式，平等参与试点项目竞争，共同投资、运营增量配电项目公司。代表国有资本的电网企业作为配电网重要的市场主体，应积极执行国家政策，在增量配电业务领域采用 PPP 模式，吸引社会资本参与，共同组建混合所有制配电公司，推动增量配电业务的混合所有制改革。

4 >

增量配电改革参与主体博弈

博弈是指在一定的规则约束下，基于直接相互作用的环境条件，各参与人依靠所掌握的信息，选择各自策略（行动），以实现利益最大化和风险成本最小化的过程。作为电力体制改革的新生事物，增量配电改革参与社会主体多、目标诉求多、项目差异大、盈利模式不统一，不同主体之间的博弈激烈，这些现实诉求和目标的差异，产生较大困难，制约了增量配电混合所有制改革进程。

4.1　增量配电改革参与主体及其目标分析

增量配电改革作为混合所有制改革的重要内容，对于提升电网企业的内部运营效率，鼓励社会资本参与配电网建设投资，健全完善输配电价核算机制，具有重要的积极意义。2016 年，国家发展改革委公布第一批试点项目后，增量配电改革进入实质操作阶段。投资主体涉及地方政府主导的投资平台企业、电网企业、发电企业、民营企业等追求不同利益的社会主体，见表 4-1。参与改革的诉求和追求的利益各不相同，达成改革目标的过程博弈十分激烈，调和不同利益主体的诉求矛盾成为新的课题。

表 4-1　　　　　　　　　　增量配电改革参与主体分析

国有资本	民营资本	其他类型资本
地方政府主导的投资平台企业	电网建设民营企业	能源投资基金
电网企业	光伏发电民营企业	外资企业
发电企业	工业能耗大户	
供水、供气、供热等企业	能源综合利用企业	
其他国有资本投资公司		

4.1.1 地方政府及投资平台企业的目标

增量配电改革试点区域由各省、各地市自主申报，经国家发展改革委评估审核后，列为公开试点名单。在申报试点的过程中，不同的社会主体已经参与到申报环节，影响地方政府的选择行为。地方政府尤其是工业园区或经济技术开发区，在增量配电改革中起主导作用。尽管有多方主体影响，地方政府作为独立的行政机构，除其代表的公共利益外，有其自身的利益诉求，在决策因素中作为第一优先级考虑。

降低试点区域配电电价是地方政府的重要诉求。尽管地方政绩的考核模式已发生重大变化，GDP 指标仍然是地方政府重点考虑的因素。提升 GDP 的主要手段是招商引资。因此，在增量配电改革的试点区域内，地方政府通过主导改革，降低终端用户电价，打造电价洼地，在招商引资中，对耗电量大户可成为极具吸引力的因素。增量配电改革多方博弈中，部分地方政府会对参与改革的其他主体，提出一条要求，就是降低用户配电电价。

成功的增量配电改革既是地方政府主导部门担当作为的具体体现，也是改革业绩和亮点。《9 号文件》印发后，增量配电改革是地方政府可参与电力体制改革的主要改革内容。按照文件设计，增量配电改革试点范围是空白区域或电网存量资产较少，争议不大，受国家电网的影响相对较小。受其他主体诉求的激励，在地方政府主导下，申报试点并推进本项改革相对容易，会比较顺利地取得改革业绩，对提升地方政府在该领域的影响力和知名度有较大的帮助。

地方政府主导的投资平台企业以往多是以资本入股的形式参与重大项目，参与增量配电改革，是地方政府主导的投资平台企业实体化运营新方式。新形势下，地方政府主导的园区配电网建设，以自有的资产参与增量配电改革，在园区客户用电量逐步增加的情况下，可获取稳定的投资收益，有利于支撑投资平台企业的实体化运营。

4.1.2 电网企业的目标

《9 号文件》明确，新一轮电力体制改革的主要对象是电网企业。改革之始，电网企业的态度谨慎，进一步提升市场占有率、扩大影响力，成为电网企业参与改革的主要目标，基于此思路，电网企业向地方政府提出，在试点区域控股是参与增量配电改革的前提。随着改革深化和政策逐渐清晰，电网企业的参与改革的思路也发生变化。

　　电网企业控股比例占 50%以上是改革初始阶段的诉求。从当前的改革进度来看，2016～2018 年可称为增量配电改革的起步阶段，为扩大供电区域，提高市场占有率，以便在改革中争取有利地位。除此之外，增量配电改革的试点区域内，不存在任何电网设备的情况极少，大部分是多方产权共存的配电网互相交织的状态，其中电网企业的配电网资产占比较高，因此电网企业提出参与增量配电改革，必须以控股比例达到 50%以上的诉求。

　　存量配电网股权纠葛、电网企业处于强势地位，严重挫伤地方政府和其他主体的信心，其他社会主体对电网企业强烈要求取得控股权产生很大意见，地方政府也产生不满，将改革进展缓慢原因归咎于电网企业的强势和必须控股的要求。因此，部分省份明确要求增量配电网项目不得由电网企业控股。国家发展改革委、国家能源局层面也形成巨大压力，在不同场合提出不建议电网企业及地方投资平台控股，也在相应的文件中做出有关规定。

　　发电企业不得向增量配电园区或园区客户拉专线，是电网企业极力争取的底线诉求。为避免电力改革倒退，出现"厂网不分"的现象。电网企业在部委层面和地方政府层面，多层次沟通强调，增量配电改革不得出现"厂网不分"现象，不应扭曲现行的电价机制。因此，《有序放开配电网业务管理办法》出台后，明确发电企业参与增量配电改革的底线条件，即不得参与投资建设电源点向用电客户直接供电的专用线路，也不得参与投资建设电源点与其参与改革的增量配电网络相连的专用线路，这条底线条件实质是建立统一的配电电价核算机制，避免发电企业规避电价补贴。

　　"宜控则控、宜参则参、宜放则放"，成为新阶段的改革诉求。电网企业意识到前期的工作策略在外部环境看来成为阻碍改革口实。新形势下，必须调整参与改革的政策。因此，2018 年年底，电网企业调整增量配电改革的主体思路，由提高市场占有率、确保每个试点项目的控股权，演变为"宜控则控、宜参则参、宜放则放"。当年 12 月 25 日，在新闻发布会上，发布深化改革十大举措，其中之一是支持社会资本参与增量配电项目，认真落实并网服务责任，对依法规范获取配电网经营权的投资主体，提供均等的并网服务。针对存量电网，友好协商处置方式，并提出优先与民营资本合作。

　　电网企业内部开展"放管服"改革，将增量配电项目的可研、投资、公司组建等具体工作进一步下放到省级单位决策，精简管理流程，提升了改革效率。电网企业改革思路和政策的变化，有利于加快推进增量配电改革进度。同时，弱化了电网企业在改革进程中的推动作用，由地方政府真正承担起增量配电改革的主导和推进责任。

4.1.3 发电企业的目标

厂网分离后,在资源配置方面,形成了"市场煤、计划电"的定价机制。发电企业的效益受煤价影响极大,煤价上涨使得发电企业的成本急剧上升,极大压缩利润空间,甚至存在多发一度电都会使得亏损增加的情况。"上网电价"由物价部门决定,尽管可以调高上网电价,纾困发电企业,但在全社会范围内考虑降低工业用能成本、保障民生,往往存在认可发电企业亏损的困境。在改革中,争取新的收益业务,成为发电企业的主要目标。

发电企业绕开电网企业自主建设配电线路,成为参与增量配电改革的主要诉求,这既有利于降低输配电价差,也避免承担交叉补贴。从地方政府、发电企业和项目区域内的用电客户看,三方均可获得客观的利益,但从全社会角度看,各方回避了本应承担的电力责任。增量配电改革,是发电企业开展短距离直供电,甚至是拉专线的绝佳机会。《9号文件》出台后,发电厂将参与增量配电改革视为增加收益的有利条件。国内有相当多的地级市属于煤炭资源型城市,坑口电厂较多。增量配电改革试点区域多是经济技术开发区,耗电量工业大户较多,并且距离坑口电厂很近。通过短距离直供电或者是由电厂直接建设专用增量配电线路至试点区域,可以绕开电网企业,即使在现有电价基础上下降较大比例,都可以为发电企业带来丰厚收益,同时可满足地方政府电价下降的诉求。

售电业务是发电企业参与增量配电改革拓展新业务的目标。按照本轮电力体制改革的配套文件《关于推进售电侧改革的实施意见》,发电企业可以作为社会资本,投资设立售电公司,在改革的试点区域内,拥有配电网运营权。取得售电业务后,作为用电客户的代理人,最大程度去除电网企业中间环节的成本,获取丰厚的收益。对于风电、光伏等新能源发电企业,参与增量配电网改革,从社会整体角度看,有利于消纳新能源,减少弃风弃光的现象,有利于实现多能互补的能源格局。

4.1.4 其他社会主体的目标

电网自身的垄断属性,一旦产生盈利,将产生巨大的效益。社会资本正是基于此种认识,强化了参与改革的主动性。参与改革的社会主体不仅有规模相对较小的当地民营资本,也有规模较大的、有一定影响力的民营资本。国家发展改革委、国家能源局也鼓励供水、供气、供热等公共服务行业参与增量配电改革。因此不同性质的资本参与改革的诉求差异也很大。

民营企业将自身资本与电网垄断属性充分融合，尝试获取可观的利润，是参与增量配电改革主要动因。在选择试点项目方面，国家发展改革委、国家能源局明确对短期内供电量超过 1 亿 kWh 的园区、县级以上工业园区或经济开发区持鼓励态度。由此看出，按国家发展改革委、国家能源局提出的试点项目申报原则，试点项目建成投产后，工矿业用电客户占有较高比例，居民用户占比极小，基本不存在农业用户，结合电网自身的垄断特征，具有较高的盈利预期。因此，在试点项目申报阶段，由民营企业积极与政府相关部门沟通申报，提出申报设想，按项目申报有关要求组织力量，准备初始的项目资料。为取得试点资格，申报阶段由民营企业主导推动的模式，往往出现夸大项目盈利预期目标的现象，影响具体操作阶段的复杂流程和客观的可行性评估，导致项目出现试点失败的风险。

民营企业与电网企业合资设立增量配电公司，通过建立合作关系，民营企业与属地电网企业可以建立良好关系，奠定承揽电网企业相关业务或向电网业务延伸的基础，这是民营资本参与改革的另一原因。试点项目属地的民营企业，自身具有电网建设的资质，通过与电网企业达成增量配电改革合作，可以此为基础，结合电网企业的需求，拓展自身的业务触角，扩大业务规模。近年，为解决配电网薄弱的问题，电网企业增加了对存量配电网的投资，现有配电网建设的能力难以伴随投资增加而在短期内提升。因此，属地的民营企业将配电网建设视为扩大自身业务规模的好机会。国内知名的光伏民营企业也基于便于新能源接入的目的，与电网企业合作参与改革。

拓展新业务，建立多元化的板块，是供水、供气、供热等行业及其他国有资本的诉求。与电网企业类似，水、气、热等公共服务行业企业，具有完备的网格化服务体系，在特定的区域为用户提供专业化服务。因此，这类企业可以依靠现有的体系，拓展电力服务业务，新增售电业务的人工成本边际投入较少。

工业能耗大户参与增量配电改革，依靠较强的自有电力专业力量，既能增加新业务的收益，又能控制自身的电力成本支出。

4.2 增量配电改革多方的博弈

国家发展改革委公布试点项目后，进入试点的实质工作流程后，参与改革的各方主体对项目的可行性评估更为客观，项目规划、业主确定、项目核准、电网接入、项目投资等具体操作更为复杂，随着改革深入，不同的主体对参与增量配电改革的想法和实际操作发生较大变化。

（1）电网资产性质的认识博弈。按照《有序放开配电网业务管理办法》的精神，配电网原则上指 110kV 及以下电压等级电网和 220kV 或 330kV 及以下电压等级工业园区（经济开发区）等局域电网。除电网企业存量资产外，其他企业投资、建设和运营的存量配电网均可按增量配电网看待。因此，电网企业指出，现已建成投产和正在建设的电网应属于存量电网，不属于增量配电网；也有极端的看法是，电网企业对配电网已有明确规划的范围，应不属于增量配电改革的区域。此种认识，与当前的改革思想差异较大，电网企业内部支持的声音也很低。

当前，电网企业仅负责园区或附近变电站至高电压等级变电站的建设和投资。园区内部的变电站至工业用户的配电网一般由地方政府主导投资建设，因缺乏电网的运维能力，投产后配电网无偿移交电网企业运营维护。因此，园区电网的投资、建设和运营的主体不一致，导致对存量电网的认识也有差异。部分地方政府提出，自身或主导的平台企业投资的电网，即使是已经移交给电网企业的配电网，都应按增量配电网看待；电网企业则认为，前期规范移交的配电网，无论投资对象是谁，移交后均应按存量配电网看待。园区电网结构投资示意图如图4-1所示。

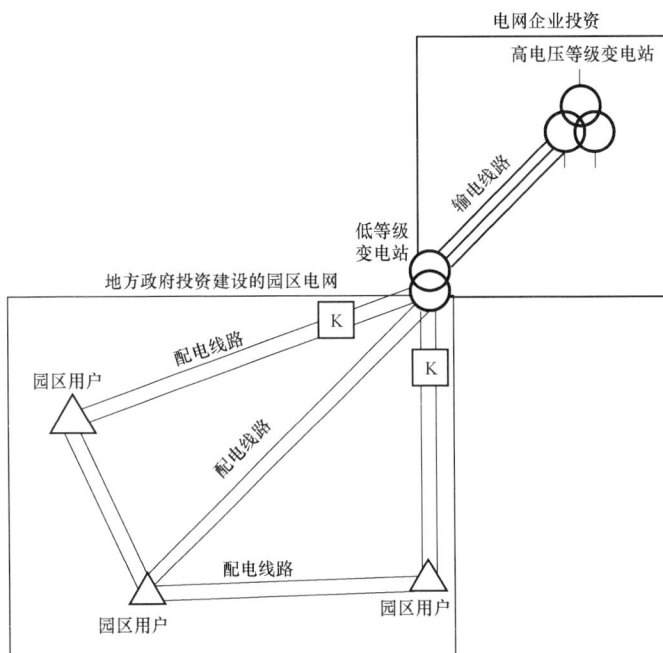

图 4-1 园区电网结构投资示意图

因此，在项目申报阶段，存在一定规模存量电网的园区，即使是地方政府主导投资已移交给电网企业的配电网，也因为电网企业的坚持，地方政府经多方权衡后，最终放弃试点申报工作。

（2）存量电网资产的货币化认定评估博弈。由于电网投资的复杂性，对于不同主体投资的电网及其配套工程资产货币化评估的范围存在博弈行为。增量配电试点项目公布后，在地方政府牵头下，各方主体对增量配电的投资入股进行协商。现有的试点区域，存在一定规模的存量配电网是大多数情况，资产评估事务所对相关的资产评估后出具货币价值评估报告，不同投资主体对现有电网资产的应纳入货币化评估范围存在争议。一般情形下，试点区域内的输变电设备、厂房等资产没有异议；对于园区配电网建设的配套工程、辅助工程，纳入货币化评估范围，合作主体持有不同意见。

电网及配套资产货币化评估的范围，决定了不同投资主体货币化出资的额度。增量配电改革投资可以是以实物形式出资，也可以是货币形式出资。现有存量资产纳入评估的范围越多、评估的价值越高，则货币形式出资的比例和绝对额都会下降，以货币形式的出资方投入的资金越高。

（3）投资主体股权比例分配博弈。电网企业前期要求所有试点项目都要控股，达到 51%以上，基层电网公司通过不同的途径向当地政府提出控股诉求，严重打击了意向参与主体的积极性；其他投资主体明言，增量配电试点改革本意是鼓励社会资本进入配电领域，增强配电竞争形势，以推动电力体制改革。而电网企业要求控股，大大弱化了增量配电改革的意义；地方的电网企业持续向政府提供建议和形势分析，认为电网企业控股，既有管理技术优势，又有专业技术骨干力量，也能确保改革有效支撑地方经济发展。

从地方经济社会整体看，基层电网企业的支持力度绝大多数情况下，大于其他企业的支撑力度。因此，地方政府为得到电力有效支撑经济发展，往往同意电网企业的控股诉求。类似情况，也有地方政府出于强化改革的决心，明文提出电网企业不得控股。

股权比例分配决定了股东会、董事会的席位分配和决策的权利格局，既是收益分配的基础，也有增量配电公司运营的根本依据。电网企业控股的诉求，使得电网企业成为潜在的大股东，其他投资主体对增量配电公司的运营意志难以充分体现。电网企业当前的管理规范性相对较高，但是主要的弊端是管理链条过长、决策效率太低。对于增量配电公司的人财物管理束缚多，也导致其他主体抱怨多。股权比例分配环节中，如果地方政府超脱事外，试点项目很大程度不能落地，不同主体的利益诉求难以由任何一方调节均衡。

（4）增量配电改革的试点区域边界划分博弈。前期的增量配电区域划分，基本原则是很清晰的，一般是按照地理范围或行政区域划分，边界清晰，不存在重复建设、交叉供电和供电服务无法落实等问题。向国家发展改革委、国家能源局申报的增量配电区域主要有三种形式确定：① 地方政府指定配电区域，明确地理范围；② 地方电网企业推荐，区域内没有电网企业的存量资产或很少；③ 其他投资主体推荐，当前有较多的存量资产或下一步拟扩大投入的区域。

高电压等级的电网规划，由电网企业主导编制，超前于地方政府的产业规划。电网企业对配电网规划投入不足，落后于地方经济发展的需求。负荷较大、用户较多的区域，110kV 的变电站基本建设完毕。增量配电项目落地时，电网企业极力争取不应把 110kV 及以上的变电站纳入试点范围。因此，增量配电区域的划分及其边界，成为争议焦点之一。

国家发展改革委、国家能源局认识到增量配电业务试点区域划分成为项目落地的重要阻碍因素。因此，2018 年 3 月，出台《增量配电业务配电区域划分实施办法（试行）》，从制度层面规范区域划分的基本原则、申请与办理的流程、资产与用户的管理方式等内容，对于推进改革具有重要的指导意义。

（5）增量配电的价格结构博弈。增量配电的价格结构决定改革的最终效果。地方政府的打造电价洼地的诉求，容易造成各方投资主体尤其是民营投资主体的错觉，即增量配电的电价差价增大的倾向是较为容易实现的。自本轮电力体制改革实施以来，国家发展改革委已印发《省级电网输配电价定价办法》，规定量省级电网输配电价的定价原则、计算办法，与《输配电电价成本监审办法》，构成了电价核算和监管的制度框架。但是实施后，对于增量配电的电价核算缺乏具体的计算模型、核定标准和实施方式。

电网企业提出增量配电的价格应在现有电价核算机制下，按省级电网的输配电价差执行，即 35～110kV 的价格差为 0.015 元、10～35kV 的价格差为 0.015 元。按上述价格核算，那么增量配电试点区域自 110kV 变电站接入，终端用户价格不变的情况下，增量配电运营公司每度电仅 0.03 元营业收入。考虑初期电网建设投资上千万元甚至上亿元的规模，电网负荷达不到较大的规模，按现行输配电价差核算的价格机制，不足以吸引各方社会主体参与增量配电改革。

地方政府或其他主体对配电价格的核算提出不同意见，认为增量配电价格应该是终端用户价格除去上网电价、110kV 及以上的输电价格，其余的价差均应属于增量配电公司。按此种方式计算，增量配电公司可以得到的价差为 0.08～

0.15 元，这样的价格结构足以让投资的主体产生巨大的盈利。此种配电价格计算方式的主要缺陷是回避了电价补贴，也回避了工业电价对农村电网电价的补贴问题。

鉴于增量配电网电价的敏感性以及对电力体制改革的巨大影响，2017 年年底，国家发展改革委出台《关于制定地方电网和增量配电网配电价格的指导意见》，明确配电网定价方法、调整机制和结算要求。该办法对配电网的价格提出 5 种定价方式，并由省级价格主管部门选择合适的配电价格定价办法，这对配电网价格核定具有较强的指导意义。

除上述五种认识分歧和博弈焦点外，不同的试点项目还存在存量电网的产权分歧、大电网运行的安全性分歧、电网接入的分歧等。政府主导、多方参与的改革形式，注定了改革过程博弈激烈，各方达成均衡较为困难，这也是改革进度推进缓慢的主要原因。

4.3　增量配电改革的利益均衡

截至 2019 年初，第一批 106 个试点项目有 5 个建成投产，20 个开工建设。第二、第三批共 214 个项目，有 8 个开工建设，13 个取得电力业务许可证。在前三批中，国家电网有限公司所属单位参与仅有 47 个。从当前的数据看，增量配电改革进展相对较慢，这从侧面体现了电力体制改革的艰巨性，也说明电力体制改革牵扯到方方面面，不会一蹴而就，也不会止步不前。改革进程中，既要保证电力客户的利益、降低全社会的用能成本，也要保证参与改革的各方主体的利益，以便推动电力体制的完善与发展。

国家发展改革委、国家能源局作为电力体制改革的推动者、政策的顶层设计者，应加强对地方政府的指导，相对成熟的博弈均衡方案应加快转化为指导政策。同时，要多召开调研座谈会，组织电力行业专家学者，拟参与增量配电改革的大型国有企业、有较大影响民营企业，摸清摸透基层改革难点和症结，遵循电力体制改革的初心，凝聚共识，减少分歧，共同推动改革进程。更进一步，要加快阐释改革疑难的问题、明晰改革路径、出台指导性意见，通过行政机制有效推动政策落地。

地方政府作为增量配电项目试点的实施者，应秉承公正、公平原则，即要坚持增量配电改革的初心，利用市场竞争的内生机制带来经营效率和服务质量的提升，降低全社会用能成本，引导社会资本积极参与电网建设与体制机制完善。即使政府主导的投资平台企业参与改革，应努力减少自身利益追求，从更加公正和客观的角度，平衡其他参与改革主体的诉求，加快推进试点项目改革。

电网企业作为当前电力行业的主导者、强势者，主要诉求已经从之前控股意向转变为宜控则控、宜参则参、宜放则放，要以更高的政治站位，积极支持改革。电力体制改革短期看是削弱电网企业的配电网利益，从更长远的角度看，改革必然带来整体效率的提升和企业自身变强变大。当前电网企业应更加大度地为其他社会主体让利，通过改革倒逼提升效率、降低成本，最终目标是在世界范围内的能源企业舞台上变得更强更大。

发电企业等其他社会主体参与增量配电改革，要以从全社会视角出发，既要兼顾效率，也要考虑不同主体的公平性，争取自身合理利益。对不符合改革方向的政策规定，要提出合理性的建议方案和解决措施。现已明确的政策，按照"共商、共建、共享"的原则，提升内部决策效率，以实际行动加快改革进度。

5 >

混合所有制增量配电公司治理

基于经济学专业角度，企业有所有权和经营权两大权力，二者是分离的。公司治理（corporate governance），是居于企业所有权层次，研究如何授权给职业经理人并针对职业经理人履行职务行为行使监管职能的科学。公司治理是组建和运营混合所有增量配电项目公司面临的重要课题，关系增量配电项目混合所有制改革的进展和成败。混合所有制配电公司，不仅具备所有混合所有制公司产权多元化的典型特征，还具备配电专业化的行业特征。当前，混合所有制配电公司在我国属新生事物，尚处于试点阶段。因此，对混合所有制配电公司治理的展开研究尤为必要。

5.1 投资主体选择

从增量配电业务改革试点项目发展现状来看，参与投资的主体呈现多元化趋势，除电网企业外，目前主要包括政府平台（城投公司、园区管委会等）、发电企业、能源企业、电力工程企业、售电公司等 5 类企业。2018 年 6 月，国家发展改革委发布了《中华人民共和国商务部令第 18 号》，进一步明确取消电网建设、经营须由中方控股的限制，未来外资也将成为多元主体之一参与竞争增量配电业务投资。

（1）政府平台。城投公司立足转型发展，园区管委会旨在提升园区运营水平，两者更多从资本运营和园区管理角度参与增量配电业务，与其他参与主体之间的投资动因有明显区别。城投公司主要动机是促进政府平台的长远发展，重点看中配电业务的现金流。典型参与模式为平台公司与其他主体共同出资成立混合所有制配售电公司，将该配售电公司与平台公司财务并表，使平台公司呈现更好的业绩指标，增强平台公司的融资能力，获得转型发展的新动力。

（2）发电企业。发电企业实现产业链向下游延伸，拓展自身业务空间和盈利空间，通过发配售联动可以有效提高市场风险的抵御能力。投资增量配电网一方面有助于其售电业务的发展，另一方面可以在园区内建设光伏等分布式电源，构建微电网等新业态，为自身培育新的利润增长点。

（3）能源企业。能源企业看重未来园区发展综合能源服务的潜在需求。随着用户能源需求的不断延展，以及综合能源关键技术的快速发展，配网业务的核心价值正在不断放大。在收取配网费、容量电费、高可靠性供电费的基础上，依托配网打造集售电服务、研究咨询、能源运维、节能服务、金融服务、分布式能源服务、配网投资运营于一体的综合能源服务商，是能源企业参与增量配网试点竞争的主要动机。

（4）电力工程企业。电力工程企业主要目的是参与增量配电业务中的采购、建设、运维环节。通过与其他实力雄厚的社会资本成立混合所有制企业，逐步参与到增量配电业务试点中来，凭借自身在配电设备销售、建设、运维方面的经验，成为区域增量配网实体建设和后期运维的主要力量，获取利润。

（5）售电公司。考虑到单纯的售电业务利润空间有限，不掌握与用户的结算权，且电力交易结果受限于电网安全运行裕度，售电公司投资目的是实现配电与售电业务一体化运营，以利于售电业务的风险管控，同时结合掌握的运行数据后期不断拓展增值服务。

引入何方社会资本，选择何种投资伙伴，是电网企业组建混合所有制配电公司面临的首要课题。原则上，社会资本的投资主体应具有较强的财务能力、投资能力和良好的银行信用，应以现金或配电网实物资产形式按期入股。通过分析，与地方政府及其下属国有企业合作，可以获得更多政策支持，有利于加快项目进程；与发电企业、能源投资企业合作可以获得优惠的购电电价和优先的电力供应，有利于降低成本，保证供电量；与经济技术开发园区及大型用电企业合作，可以争取更多的存量市场客户资源，有利于拓展售电市场；与电力设计、建设企业合作，可以发挥对方技术优势，有利于保障项目质量、节约项目成本；与售电企业合作，有利于发挥售电公司的销售渠道及人员优势，并探索"配售一体化"业务模式。因此，电网企业应针对具体项目，选择合适的合作伙伴，发挥社会资本在资金、原材料、市场、技术、渠道、人员等方面的优势，努力实现电网企业与社会资本的多方共赢。

5.2 股权结构设计

股权结构是公司治理最为核心的内容,直接决定了股东的权利分配和公司的治理结构,并最终决定了公司的行为和绩效。组建混合所有制公司,其典型特征是产权多元化,必然面临多方资本股权结构设计的问题。电网企业与社会资本共同组建混合所有制配电公司,也是如此。基于电网企业视角,如何选择混合所有制配电公司的持股方案,已成为电网企业投资混合所有制配电公司面临的重要课题。

股权包括股东对公司的所有权、表决权、收益权等,其中最为核心的是表决权。表决权是召开股东会时股东的表决权力,既直接体现了股东对公司的所有权,又决定了股东从公司获取的收益权。根据《中华人民共和国公司法》第四十二条规定,股东会会议由股东按照出资比例行使表决权,出资比例又与股权比例直接相关,因此股东的表决权取决于股权。股东的表决权包括决定权和否决权两种方式,一方股东行使决定权时,直接决定公司的表决事项,而不受其他股东的影响;另一方股东行使否决权时,其他股东提议的表决事项将不能被通过。根据《中华人民共和国公司法》第四十二条、第四十三条、第一百零三条规定,可以将股东会的决议内容分为普通决议和特殊决议,普通决议是指对于股东会的一般表决事项,必须经出席会议的股东所持表决权的半数通过;特殊决议是指对于股东会的特殊表决事项,如修改公司章程、增加或者减少注册资本的决议,以及公司合并、分立、解散或者变更公司形式的决议,必须经代表 2/3 以上表决权的股东通过。因此,基于表决权的不同方式和决议的不同内容组合,可以将混合所有制公司股东会的议事规则分为四种情境:普通决议的决定权、特殊决议的决定权、普通决议的否决权、特殊决议的否决权。表决权的不同方式和决议的不同内容组合形成的四种情境,对股东的股权结构设计要求有所不同。

电网企业投资混合所有制配电公司时,同样面临表决权的不同方式和决议的不同内容组合的四种情境,不同情境对应电网企业不同的持股方案。如图 5-1 所示,根据《中华人民共和国公司法》相关条款的规定,可以构建不同决议方式和不同决议内容组合下的电网企业持股方案。行使普通决议的决定权,电网企业须持股 1/2 以上;行使特殊决议的决定权,电网企业须持股 2/3 以上;行使普通决议的否决权,电网企业须持股不低于 1/2;行使特殊决议的否决权,电网企业须持股不低于 1/3。

决定权	电网企业持股1/2以上	电网企业持股2/3以上
否决权	电网企业持股不低于1/2	电网企业持股不低于1/3
	普通决议	特殊决议

图 5-1　不同决议方式和不同决议内容组合下的电网企业持股方案

根据图 5-1 不同决议方式和不同决议内容组合下的电网企业持股方案，可以将电网企业持股方案细分为五种：持股 2/3 以上、持股 1/2～2/3、持股 1/2、持股 1/3～1/2、持股 1/3 以下（均不含本数）。如表 5-1 所示，不同持股方案下电网企业对普通决议和特殊决议的决定权和否决权也不同。

表 5-1　　　　　　不同持股方案下电网企业的决定权和否决权

电网企业持股	电网企业决定权	电网企业否决权
2/3 以上股权	普通决议和特别决议	普通决议和特别决议
1/2～2/3 股权	普通决议	普通决议和特别决议
1/2 股权	无	普通决议和特别决议
1/3～1/2 股权	无	特别决议
1/3 以下股权	无	无

（1）电网企业持股 2/3 以上时，电网企业对普通决议和特别决议都可以行使决定权或否决权，电网企业完全控制混合所有制配电公司。

（2）电网企业持股 1/2～2/3 时，电网企业只能对普通决议行使决定权，对普通决议和特别决议行使否决权，电网企业部分控制混合所有制配电公司。

（3）电网企业持股 1/2 时，电网企业只能对普通决议和特别决议行使否决权，不能对普通决议和特别决议行使决定权，电网企业和社会资本对混合所有制配电公司的控制处于均衡状态。

（4）电网企业持股 1/3～1/2 时，电网企业只能对特别决议行使否决权，导致特别决议不能通过，电网企业在混合所有制配电公司处于部分从属地位。

（5）电网企业持股 1/3 以下时，电网企业对普通决议和特别决议都不能行使决定权或否决权，电网企业在混合所有制配电公司处于完全从属地位。

总之，电网企业投资混合所有制配电公司的持股方案有三个分界线：2/3、

1/2、1/3，根据三个分界线可划分为持股 2/3 以上、持股 1/2～2/3、持股 1/2、持股 1/3～1/2、持股 1/3 以下五种持股方案。不同的持股方案直接决定了电网企业在召开混合所有制配电公司股东会时的表决权大小，进而决定了电网企业对混合所有制配电公司的控制力强弱。总体上，电网企业持股比例越高，对普通决议和特殊决议的决定权和否决权就越大，对混合所有制配电公司的控制力就越强；反之，电网企业持股比例越低，对普通决议和特殊决议的决定权和否决权就越小，对混合所有制配电公司的控制力就越弱。

通过对不同持股方案下电网企业的决定权和否决权分析，结合增量配电业务改革相关政策和实施现状，建议电网企业投资混合所有制配电公司采取持股 1/2～2/3 的持股方案，对混合所有制配电公司的普通决议行使决定权，对混合所有制配电公司的普通决议和特殊决议行使否决权。

（1）有利于推动增量配电改革。我国增量配电改革目前尚处于试点阶段，各项政策正在陆续出台，各项改革举措正在逐步推进，实现电网企业独家投资增量配电业务向多元市场主体共同投资增量配电业务的转变是一个渐进式的过程，很难一步到位，速度太快、力度太大可能适得其反。在组建混合所有制配电公司时，由电网企业持股 1/2～2/3，社会资本持股 1/3～1/2，既符合增量配电业务混合所有制改革的基本方向，也保障了增量配电业务新老政策的有序衔接及改革举措的平稳过渡。

（2）有利于吸引社会资本投资。通过组建混合所有制配电公司，推行增量配电业务改革，对优化配电网资源配置、提高配电网运营效率具有重要作用，不能有效吸引社会资本参与增量配电业务改革，将导致改革目标无法达成。电网企业持股 1/2～2/3，只是对混合所有制配电公司的普通决议行使决定权，目的是实现增量配电业务由电网企业委托运营，但是仍然不能够对修改公司章程、增加或者减少注册资本，以及公司合并、分立、解散或者变更公司形式等涉及股东重大利益的特殊决议行使决定权。社会资本投资混合所有制配电公司后，自身的重大利益不仅能够得到法律的保障，还能够通过将增量配电网运营权委托给电网企业，享受混合所有制配电公司带来的资本收益。

（3）有利于保障电力正常供应。电力是必需品，在输配环节具有明显的公共事业属性，配电公司必须承担相应的电力普遍服务。社会资本投资混合所有制配电公司的首要目的是盈利，在收益率较低或为负的情况下，社会资本的进入可能会对现有的电力普遍服务体系造成冲击。由电网企业持股 1/2～2/3，控制配电网的运营，发挥电网企业在配电业务上的主导作用，将对保障混合所有制配电公司履行企业社会责任，提供保底配电业务起到积极作用。

总之，混合所有制配电公司的治理结构虽然在一定程度上会削弱电网企业的盈利水平，但是在混合所有制改革的政策方向下，在增量配电业务领域内，电网企业联合发电企业、能源投资企业、用电企业、地方政府及其下属国有企业等社会资本，共同组建混合所有制配电公司是顺应国家政策形势、积极推进电力体制改革的积极做法，必须坚持和发展。建议电网企业在取得混合所有制配电公司 1/2～2/3 股权、对混合所有制配电公司部分控制的前提下，争取获得增量配电网的运营权，并努力发挥社会资本在资金、人才、原材料、市场等方面的优势，实现电网企业和社会资本合作的多方共赢。

5.3 治理结构

现代公司治理结构的理论基础是委托代理理论。公司内部主要存在三个层次的委托代理关系，形成了一个委托代理关系网络。其中，股东大会处于网络顶端，董事会处于网络中间，经理层处于网络底端。委托代理关系图如图 5-2 所示。

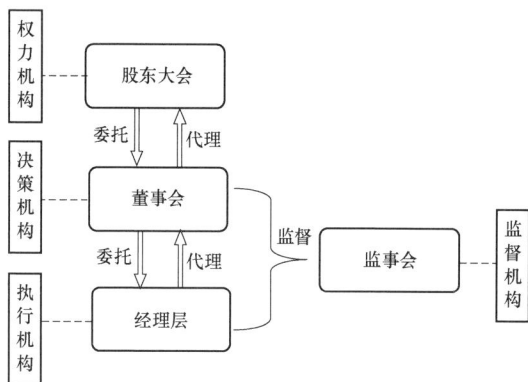

图 5-2 委托代理关系图

（1）股东大会和董事会之间的委托代理关系。股东大会是股份公司中的最高权力机构，它不能直接管理企业，因此股东大会便选举出一些股东组成董事会来管理企业。所以股东大会和董事会之间便形成了企业的第一层次委托代理关系，其中股东大会（全体股东）为委托人，董事会为代理人。董事会受全体股东的委托来管理企业，董事会对全体股东负责。

（2）董事会和经理层之间的委托代理关系。董事会受全体股东的委托指导、监督企业的经营管理活动。但是董事会一般也不直接管理企业，而只是负责制定企业一些重大项目决策。董事会成员不一定具有管理企业的能力，因此董事会聘任具有管理才能的人直接管理企业，负责企业日常事务的管理。经理层受董事会委托来具体管理和经营企业，在董事会授权范围内独立执行决策计划，负责日常管理。这就形成了企业中第二层的委托代理关系，董事会是委托人，经理层是代理人。

（3）经理层和各部门经理之间的委托代理关系。经理层在董事会授权的范围内独立的经营管理企业，为了完成代理责任，经理层会聘任各部门经理具体负责各部门的日常工作，并且赋予一定的权利。因此，经理层和各部门经理之间就形成了企业中第三层的代理关系，经理层是委托人，各部门经理是代理人。

综上，作为健全的公司法人治理结构，混合所有制增量配电公司应建立股东会、董事会、监事会和经营层（三会一层）决策和经营机构。此外，混合所有制企业是公有制经济的重要组成部分，只有加强党对混合所有制企业的领导，发挥好基层党组织的政治主导作用，建立和完善企业党建模式和机制，才能促进混合所有制企业健康发展。《中华人民共和国公司法》第十九条规定："在公司中，根据党章规定，设立中国共产党的组织，开展党的活动。公司应当为党组织的活动提供必要条件"。发挥党组织政治主导作用是混合所有制企业党建的核心问题，应因企制宜，建立有利于党组织发挥政治主导作用的党建模式和工作机制。

（1）股东会。股东会由全体股东组成的，决定公司经营管理的重大事项的机构。股东大会是公司最高权力机构，其他机构都由它产生并对它负责。由投资主体按照股权比例委派股东代表，股东会人数应为单数。按照《中华人民共和国公司法》，制定公司章程。依据有关法律、法规，投资主体协商，设立股东会，由全体股东组成，股东会会议由董事会召集。

（2）董事会。董事会是依照有关法律、行政法规和政策规定，按公司章程设立并由全体董事组成的业务执行机构。由投资主体提出人选，经股东会按股权比例选举董事会和监事会成员，董事会人数应为单数。设立董事会，董事会席位按股权比例分配。董事会设董事长一人，按公司章程规定产生。董事会中的职工代表通过职工代表大会或者其他形式民主选举产生，其他董事由股东会选举产生。为了提高公司治理效率，防止治理结构失衡，在国有控股公司的董事会组成上，董事会的成员既有代表政府的董事，又有企业管理专家及社会人士，增加独立董事的数量，使其在董事会中占比超过半数，董事会的组成兼顾到了企业、国家、社会及中小股东的利益，有利于其理性、科学、合理地进行决策。董事会可下设执行委员会、审计委员会、薪酬委员会等专门委员会，提高董事会的决策执行效率。董事会直接监督管理总经理，通过聘任或解聘、考核经营业绩等激励经理层提高公司业绩。

（3）监事会。监事会是由股东（大）会选举的监事以及由公司职工民主选举的监事组成的，对公司的业务活动进行监督和检查的法定必设和常设机构。由投资主体提出人选，经股东会按股权比例选举监事会成员，其中职工代表监事一人，通过职工代表大会或者其他形式民主选举产生。

（4）经营层。经营层按照增量配电公司章程，由董事会决定选拔。经理层由董事会提出，由董事会决定聘任或解聘。经理对董事会负责，经理依照《中华人民共和国公司法》、公司章程以及董事会授权，行使职权，并对公司业务及日常运营负责。党工团组织机构按相关规定设置。

（5）党组织。国资绝对控股、国资相对控股或具有实际控制力的混合所有制企业，应着力建立"内化式"党建模式，强化政治核心作用的发挥；国资参股、非控股企业应着力建立"内嵌式"党建模式，强化政治引导作用的发挥。增量配电公司要建立与其模式相适应的工作机制，实现党建工作的创新发展。

5.4 部门设置

根据业务发展需要，混合所有制配电公司可设置综合管理部、财务资产部、配电业务部、售电业务部等部门。

（1）综合管理部。综合管理部负责公司的内外业务联系、市场开拓工作；负责协助领导协调和推进日常工作并督促落实；负责人力资源管理；负责公共关系和对外联络、新闻宣传管理工作；负责本单位行政、后勤等综合事务等。

（2）财务资产部。财务资产部负责建立各项财务管理规章制度；负责会计核算、财务决算；负责收入及成本管理；负责资产及产权管理；负责银行账户、资金及现金流量管理；负责税务管理；负责工程项目的资金计划、资金支付，办理工程竣工财务预决算、编制决算报告和办理转资工作。

（3）配电运行部。配电运行部负责经营范围内的配电网项目前期各项手续的办理、施工管理，以及对配电网线路、配电站日常调度监控、运行操作、检修维护、事故抢修等外委工作实施监督管理。

（4）售电业务部。售电业务部负责电力市场购售电业务，参照国家颁布的售电合同范本与用户签订合同，提供专业优质的售电服务。

5.5　人员管理

岗位及用工需求预测：按照国家发展改革委、国家能源局《关于印发〈售电公司准入与退出管理办法〉和〈有序放开配电网业务管理办法〉的通知》（发改经体〔2016〕2120 号）中对于拥有配电网运营权的售电公司的相关人员资质要求，并参照 Q/GDW 11424.1—2015《国家电网有限公司供电企业内控劳动定员标准》，进行用工需求预测。根据试点区域的电量、业务量、公司所辖设备、资产（含开发区自建投资的设备资产），综合测算。

（1）人员配置。人员配置应综合考虑定员、用工现状、人工成本支撑等因素，合理确定人员配置总量，随业务发展分阶段逐步配置。人员配置以全职为宜，可采用公开招聘的方式配置相应人员，也可双方协商选派人员，由混合所有制公司办理临时借用手续。混合所有制公司的内设机构负责人，可采用向属地电网企业临时借用方式，由属地电网企业选派中层干部担任。临时借用人员与电网企业的劳动关系不变。通过建立人员双向流动机制，综合考虑混合所有制公司需求、派出单位意见和个人意愿，确定借用选派人员数量。采用面向社会公开招聘或劳务外包方式补充技能人员，实现"用人不养人"的劳动用工目标。社会化招聘人员与混合所有制公司签订劳动合同，劳动合同明确上岗条件、薪酬待遇、解除合同等约束条件。与混合所有制公司签订合同的人员与属地县公司不流动。混合所有制公司解散时，从属地电网企业借用的人员回原单位工作，社会化招聘人员依法依规经济补偿，并解除劳动合同。

（2）考核管理。考核管理以"管战略、管决策、管预算、要业绩"（"三管一要"）为导向，建立以经营业绩为核心的业绩考核指标体系，对混合所有制公司实施考核。以优质服务、提升效率为导向，指导其建立全员绩效管理体系，支撑和服务于混合所有制公司经营目标的实现。

（3）薪酬分配。薪酬分配在组建初期，选派的管理人员薪酬福利待遇可参照原单位同层级人员确定，由原派出单位按照其原岗位支付其薪酬待遇。混合所有制公司人工成本费用依据业务开展和人工成本预算情况，按当地劳动力市场确定，由混合所有制公司作为劳务费支付派出单位，派出单位以营业外收入方式进行财务入账操作。混合所有制公司运营稳定后，结合用工实际情况，以岗位绩效工资制度为基础，建立多元化的分配制度：① 由董事会根据公司自身生产经营情况，参照当地人才供需状况和市场价位，按照公平性、竞争性和经济性原则确定薪酬管控模式。② 探索建立基于经济增加值（EVA）的工资总额预算决定机制，将企业工资总额与其经济增加值完成情况、行业平均工资水平等因素直接挂钩，实现各方利益的有机统一。③ 建立覆盖多种用工方式的薪酬水平指导机制，针对企业负责人、市场化选聘的职业经理人，实行统一的年薪制；针对稀缺的关键岗位人才，实行协议薪酬制；针对一般技能人员，参照劳动力市场价格，实行岗位薪酬制。

（4）劳动关系管理。混合所有制企业人员由股东单位派出，劳动关系在股东单位，但是在混合所有制企业领取薪酬。结合《中华人民共和国劳动法》《中华人民共和国劳动合同法》等有关法律规定，分析如下：

1）从用工的劳动法律关系看，股东单位、混合所有制企业、劳动者三方形成的是借用法律关系，即股东单位、混合所有制企业和劳动者三方协商同意，由劳动者与用人单位保留劳动关系，但在借用单位实际从事劳动并领取报酬的一种特殊用工关系。在现实工作中，劳动关系呈现出多样化发展的趋势，借用关系在劳动关系的法律实务中是客观存在的，目前《中华人民共和国劳动法》《中华人民共和国劳动合同法》等相关法律法规对于外借员工虽无明确规制，但并不禁止这种用工形式。原劳动部《关于贯彻执行〈中华人民共和国劳动法〉若干问题的意见》第 7 条规定："用人单位应与其长期被外单位借用的人员、带薪上学人员以及其他非在岗但仍保持劳动关系的人员签订劳动合同，但在外借和上学期间，劳动合同中的某些相关条款经双方协商可以变更"。因此，建议股东单位、混合所有制公司、劳动者三方可签订"借用员工协议"，其内容规定劳动关系、工作岗位、薪酬等事项，成为受法律保护的劳动关系法律类型。因此，从现行的法律法规看，借用劳动关系与《中华人民共和国劳动合同法》并不抵触，规范的借用关系受法律保护。股东单位、混合所有制公司、劳动者三方应自愿签订规范的借用协议，以免日后引起争议。借用协议的基本信息原则上包括：三方基本信息、劳动者在混合所有制公司的岗位、借用期、薪酬福利标准与社保缴纳标准及承担单位，休假以及其他必要的规定信息。

2）从借用职工的薪酬关系看，从现有的法律法规看，支持借用劳动者所发生的费用。劳动部《关于贯彻执行〈中华人民共和国劳动法〉若干问题的意见》第 14 条规定："派出到合资、参股单位的职工如果与原单位仍保持着劳动关系，应当与原单位签订劳动合同，原单位可就劳动合同的有关内容在与合资、参股单位订立劳动合同时，明确职工的工资、保险、福利、休假等有关待遇"。第74条规定："企业富余职工、请长假人员、请长病假人员、外借人员和带薪上学人员，其社会保险费仍按规定由原单位和个人继续缴纳，缴纳保险费期间计算为缴费年限"。《工伤保险条例》第四十三条第三款规定："职工被借调期间受到工伤事故伤害的，由原用人单位承担工伤保险责任，但原用人单位与借调单位可以约定补偿办法"。因此，借用人员的薪酬关系可以在三方借用协议中进行明确，且股东单位可以直接支付劳动者薪酬，并按规定缴纳各类社会保险，在借用协议中明确后，应该受法律保护。

3）从兼职取酬情况分析（股东单位和混合所有制企业同时取酬）看，从现有的规定看，借用到混合所有制企业的领导干部，不得在股东单位和混合所有制企业同时取酬，即"兼职取酬"。中共中央组织部《关于进一步规范党政领导干部在企业兼职（任职）问题的意见》（中组发〔2013〕18号）规定，对辞去公职或者退（离）休的党政领导干部到企业兼职（任职）必须从严掌握、从严把关，即辞去公职或者退（离）休后3年内，拟到本人原任职务管辖的地区和业务范围外的企业兼职（任职）的，必须由本人事先向其原所在单位党委（党组）报告，由拟兼职（任职）企业出具兼职（任职）理由说明材料，所在单位党委（党组）按规定审核并按照干部管理权限征得相应的组织（人事）部门同意后，方可兼职（任职）。企业领导人员未经批准擅自兼任下属企业或其他企业领导职务（包括名誉职务）的，以及将领取的兼职报酬、报销的与企业无关的费用据为已有的，视情节轻重，根据有关规定给予党纪政纪处分。因此，按规定经批准在混合所有制企业兼职的党政领导干部，不得在企业领取薪酬、奖金、津贴等报酬，不得获取股权和其他额外利益，也不得报销与兼职企业无关的任何费用；已领取的兼职报酬以及报销的与企业无关的费用必须全额上交任职企业财务部门，不得据为已有。按规定经批准在企业兼职（任职）的党政领导干部，要严格遵纪守法，廉洁自律，禁止利用职权和职务上的影响为企业或个人谋取不正当利益。党政领导干部在企业兼职期间的履职情况、是否取酬、职务消费和报销有关工作费用等，应每年年底以书面形式报所在单位党委。借用人员在股东单位取酬符合法律规定，薪酬福利社保费用应计入人工成本。

混合所有制企业可结合当地社平工资水平，按借用协议约定的人员报酬支付股东单位，并作为混合所有制企业发生的人工成本记账。股东单位收到的混合所有制企业支付的借用人员报酬，可作为企业的营业外收入进行记账。

5.6 运营模式

根据《售电公司准入与退出管理办法》和《有序放开配电网业务管理办法》，配电公司作为增量配电业务试点项目业主，拥有试点区域的配电网运营权，在试点区域内拥有与电网企业相同的权利，并切实履行相应的责任和义务。混合所有制配电公司可开展的业务主要有：

（1）向试点区内用户提供的供电服务，包括负责配电网络的调度、运行、维护和故障消除；负责配电网建设与改造；向各类用户无歧视开放配电网络，负责用户用电设备的报装、接入和增容；向各类用户提供计量、抄表、收费、开具发票和催缴欠费等服务；承担其电力设施保护和防窃电义务；向各类用户提供电力普遍服务。公开配电网络的运行、检修和供电质量、服务质量等信息。受委托承担电力统计工作；向市场主体提供配电服务、增值服务；负责其经营区域内的保底供电服务。在售电公司无法为其签约用户提供售电服务时，启动保底供电服务；承担代付其配电网内使用的可再生能源电量补贴的责任；法律、法规、规章规定的其他业务。

（2）向试点区内用户提供的配电网服务，包括：向市场主体提供配电网络的可用容量、实际容量等必要的市场信息；与市场主体签订经安全校核的三方购售电合同；履行合同约定，包括电能量、电力容量、辅助服务、持续时间、供电安全等级、可再生能源配额比例、保底供电服务内容等；承担配电区域内结算业务，按照政府核定的配电价格收取配电费，按照国家有关规定代收政府性基金和交叉补贴，按合同向各方支付相关费用。

（3）向试点区内用户承担保底供电服务，包括：按照国家标准或者电力行业标准提供安全、可靠的电力供应；履行普遍供电服务义务；按政府定价或有关价格规则向电力用户收取电费；按政府定价向发电企业优先购电。

（4）在履行售电公司准入程序后，可开展售电业务，并提供其他多种形式的增值服务，包括采取多种方式通过电力市场购售电，可以自主双边交易，也可以通过交易机构集中交易。参与双边交易的售电公司应将交易协议报交易机构备案并接受安全校核；可在试点区内及省内多个配电区域内售电；可向用户提供包括但不限于合同能源管理、综合节能、合理用能咨询和用电设备运行维护等增值服务，并收取相应费用；承担保密义务，不得泄露用户信息；服从电力调度管理和有序用电管理，执行电力市场交易规则；参照国家颁布的售电合同范本与用户签订合同，提供优质专业的售电服务，履行合同规定的各项义务，并获取合理收益；受委托代理用户与电网企业的涉网事宜；按照国家有关规定，在省级政府指定网站和"信用中国"网站上公示公司资产、经营状况等情况和信用承诺，依法对公司重大事项进行公告，并定期公布公司年报；任何单位与个人不得干涉用户自由选择售电公司的权利。

针对配电业务，根据电网公司是否掌握配电网运营权，可以分两种运营模式实施：

（1）委托运营+实体运作。

1）现有试点区域属待开发区域，无任何存量电网设施的，投资主体明确并由电网企业控股的，建设过程中采取业务委托方式，组建柔性组织，配备少量、关键的管理型、技术型专家，通过自愿协商一致，将配电网建设、运营委托当地电网企业（含电网企业主办的集体企业）或符合条件的售电公司，充分发挥电网企业人才、技术和管理优势，突出专业化管理。具体而言，电网建设和运维均委托属地电网企业承担（不限于属地电网企业的内部企业），形式上设增量配电公司，仅配置2~3名负责人，以及3~5名工作人员，不设内部机构和班组。根据各方投资主体意向，人员配置以属地配电企业人员兼职为宜。

2）试点区域电网设施全部建设完毕，各方投资主体共同商议，根据专用变压器客户数量、配电线路长度、售电量等指标，增量配电公司自主组建实体化机构，设置部门、招聘员工，从事配电网建设、营运、服务等业务。对于电网规模较小的，仅设置营业班、配电班，并配置相应的技术技能人员。对于电网规模大的设置部门，设综合管理部以及营业班、装表接电班、用电检查班、配电运维班。人员配置以全职为宜，可采用公开招聘的方式配置相应人员。

（2）实体运作。配电公司主营业务为试点区域内电网的配售电业务，并可根据需要拓展售电业务范围。增量配电试点区域内的电网建设、改造、生产运行、配电服务等配电业务主要采用外委方式，通过公开招标等方式确定有资质单位具体承担，配电公司承担监管责任。公司独立经营，自负盈亏，并对全体股东负责。

建议增量配电公司采用分阶段委托+实体运作模式，由电网企业开展配电网的统一运营，力争实现配电公司的所有权与经营权统一，充分发挥电网公司人才、技术、管理等方面优势，按照电网统一调度原则，做好调度管理和运行监督，确保电网安全稳定运行，最大程度发挥电网的整体效率和保障配电质量。

主要原因有：

1）从国际经验看，一些国家为保证电网安全、提高经营效率，以租赁、特许经营等方式由电网企业统一运营配电网。例如，法国配电网大部分由地方政府所有，但租赁给法国电力公司 EDF 统一运营；澳大利亚首都直辖区的配电网络由政府和私人共同所有，但统一由一家配电公司运营。

2）从我国现实看，混合所有制公司的电网建设、运营及配电服务由指定属地配电公司承揽，一定程度上背离了混合所有制改革目标，也违背现有的招标投标办法，产生法律风险，造成混合所有制公司的所有权和经营权相分离，尽管可以通过招投标操作，仍然可由属地配电公司中标，但可能产生较大的舆情风险，受到干扰改革、拖改革后腿的指责。在我国法律信用体系不完善的情况下，完全放开配电业务很可能会影响配电网的统一规划、统一建设标准和统一调度，为电网的安全、稳定运行带来隐患。

3）从电网特点看，配电业务具有自然垄断属性，如果增量配电业务按项目形式实施，由于项目规模小、数量多，没有充分考虑配电网作为网络性产业的规模经济性、范围经济性等技术经济特性，违反了配电网发展运营的客观规律，进而影响配电网整体效率。同时，配电资产运营的分散化使得成本监审、收入核定、服务质量等监管复杂度加大。

针对售电业务，根据售电业务是否与配电业务独立，可以分为两种运营模式实施：

第一种模式：配售一体模式

按照《关于推进售电侧改革的实施意见》，将在售电侧和配电网同时放开的情况下，同时拥有配售电业务，并且能为试点区域内电力用户提供增值能源服务的公司将深度受益。一方面，负责试点区域售电业务可以直接从市场化的协议购电或集中竞价交易中获取发电侧和购电侧之间的价差利润，另外还可获得试点区域内各电力用户的电力需求数据，是用户数据的第一入口。更为重要的是，以用电数据为基础，为用户提供能效监控、运维托管、抢修检修和节能改造等综合用电服务可以有效提高用户的用电质量，并增强客户黏性，同时从盈利能力更强的服务类业务中获得更多利润。

第二种模式：配售分离模式

根据《关于推进售电侧改革的实施意见》，配售分离模式下，配电业务将由三类售电公司运营，第一类是电网企业的售电公司，第二类是社会资本投资增量配电网，拥有配电网运营权的售电公司，第三类是独立的售电公司，不拥有配电网运营权,不承担保底配电服务。售电公司以服务用户为核心,以经济、优质、安全、环保为经营原则,实行自主经营,自担风险,自负盈亏,自我约束。售电公司可以提供合同能源管理、综合节能和用电咨询等增值服务。同一配电营业区内可以有多个售电公司,但只能有一家公司拥有该配电网经营权,并提供保底配电服务。同一售电公司可在多个配电营业区内售电。发电公司及其他社会资本均可投资成立售电公司。拥有分布式电源的用户,供水、供气、供热等公共服务行业,节能服务公司等均可从事市场化售电业务。

推荐增量配电公司采取配售一体模式运营售电业务。在配售电同时放开背景下,为获取用户资源,追求利益最大化,大部分配电放开项目可能会采取配售一体的经营模式。但是,《有序放开配电网业务管理办法》规定,"电网企业控股增量配电网拥有其运营权,在配电区域内仅从事配电网业务。其竞争性售电业务,应逐步实现由独立的售电公司承担"。从中长期来看,配售分离、售电公司独立运行将是大势所趋。不论处于哪个阶段,选择哪种模式,建议一方面配电业务必须牢牢由电网公司掌握,以保障配电安全、稳定;另一方面是否剥离售电业务,取决于国家政策法规的要求,即便配售分离,售电业务独立运行,电网公司也应积极参与售电业务竞争,开展能源综合服务,拓展售电业务市场。

5.7 商业模式

增量配电网开展的服务范畴主要包括两方面:一是配电网的基础服务,包括配电网的调度、运行、建设、改造以及给用户提供配电服务;二是能源改革背景下特殊的增值服务。对于社会资本,增量配网放开的意义更多的是在未来配售一体化运营模式下成为切入用户端的入口,打开用电增值服务市场,具体有三类商业模式未来会逐步融合。

(1)配售电业务。拥有配电网运营权的售电公司在开展售电业务时具有先天优势,掌握的用户电力需求数据能更好地帮助其提高负荷预测精度,降低售电风险。同时配售一体化的售电公司对配电网配电能力和网架结构了解清楚,能结合不同的运行方式制定合理的电力交易策略。

(2)与微电网业态的耦合。考虑到增量配电试点项目内用户负荷特性相对稳定,负荷预测精确度较高,相当比例的社会资本在成为增量配电项目业主后,将规划建设屋顶光伏及其他各类分布式电源,结合储能装置,通过分布式发电市场化交易争取实现项目内部的自平衡,减少与外部电网的电量交换。

（3）综合能源服务。随着用户能源需求的越发多样化，以及综合能源服务技术的快速发展，配网业务的核心价值正在不断放大。在收取配电费、容量电费、高可靠性配电费的基础上，依托配网基础平台，可打造集售电服务、研究咨询、能源运维、节能服务、新能源服务、配网投资运营于一体的综合能源服务体系。

5.8 管控模式

管控模式是母公司对子公司的管理控制模式。确定增量配电网试点项目投资主体后，需要上级公司对配电公司的管控模式进行确定，为配电公司组织体系建设研究奠定基础。管控模式是企业管理机制的重要组成部分，基于集权与分权程度不同主要有母子公司制、事业部制和总分公司制。三种模式均是国内外大公司和企业集团普遍采用的管控模式。母子公司制和事业部制这两种结构都比较适用于产品多样化、各有独立的市场且市场环境变化较快的组织，较好地解决了集团内部分权和集权的矛盾问题，有利于调动二级单位负责人的积极性；总分公司制适合于产品较为统一集中，风险管理水平、技术操作要求高的组织。基于三种管控模式多因素比较，其优劣势分析见表5-2。

（1）从法律地位上看，母子公司制中，母公司和子公司均是独立的法人，在经营过程中发生的债权债务由自己独立承担；总分公司制中，总公司具有法人资格，分公司不具有法律上和经济上的独立地位，不具有法人资格，并非真正意义上的公司，不建立公司章程，公司名称只要在总公司名称后加上分公司字样即可；事业部制中，将一个公司按地区或按产品类别分为若干个经营单位，虽然实行单独核算，但它不具备企业法人资格，公司总部保留人事决策，预算控制和监督权，并通过利润等指标对事业部进行控制，事业部只是公司的一个分支机构，在经营管理上有很强的自主性，实行独立核算，是一种分权式管控模式。

（2）控制手段上看，母公司更多的是采用间接控制方式，即通过任免子公司董事会成员和投资决策来影响子公司的生产经营决策；事业部制在人事、业务、财产受隶属上级公司直接控制，在隶属公司的经营范围内从事经营活动；总分公司制中对分公司的控制与事业部制类似。

（3）从承担债务的责任方式看，母公司仅以其对子公司的出资额为限对子公司在经营活动中的债务承担责任，子公司以自身的全部财产为限对其经营负债承担责任；事业部和分公司由于没有自己独立的产权，与公司总部在经济上统一核算，因此其经营活动中的负债由总公司负责清偿，即总公司以其全部资产为限对分公司在经营中的债务承担责任。

（4）从税收角度看，子公司必须承担全面的纳税义务，而事业部只承担有限的纳税义务；事业部与总公司之间的资本转移，因不涉及所有权变动，不必负担税收等。一般分公司异地经营，要在当地缴纳增值税、城建税、教育费附加等有限税费，所得税在总部缴纳。

表 5-2　　　　　　　　三 种 管 控 模 式 比 较

管控模式	优　势	劣　势
母子公司制	（1）有利于充分适应公司多元化战略的需要，培育新的利润增长点。 （2）有利于产生杠杆效应，即用较小的权益性投资控制数倍的资产，且股权比例越低，杠杆效应越大。 （3）有利于减少母公司的风险，由于母子公司都是独立法人实体，母公司所承担的风险仅以投资额为限，一旦子公司出现经营问题，不会扩散到母公司	（1）母子公司制造成整个企业管理成本高，主要包括子公司需要建立一套完整的制度重建成本、防止子公司脱离母公司战略轨道的监督成本，债权人常以提高利润率或以附加条款等形式对母子公司的经营行为加以约束造成的财务成本。 （2）母子公司制使母公司在协调与控制上处于两难境地。 （3）母子公司制容易滋生腐败行为。 （4）母子公司制会产生重复纳税的现象
总分公司制	（1）总公司实施集团化管控，提高决策能力和决策速度，提升公司整体竞争力。 （2）总公司实施集约化管控，便于统一分配和调度人、财、物等资源，最大限度地集中发展力量。 （3）总公司实施标准化管理，各种规章制度、政策要求在分公司贯彻执行统一，分公司经验可交叉学习，风险可以交叉防范。 （4）分公司易管控，税收易控，可进可退	（1）容易形成分公司一切都听总公司安排，不利于发挥和调动分公司经营管理的积极性和主动性。 （2）所有经营风险均叠加到总公司。 （3）公司管理机制呆板，条条框框过多，影响市场响应速度，竞争意识不强，竞争能力不佳。 （4）无资本放大；分配上容易平均主义，难以进行有效的激励。 （5）经营附加效益小
事业部制	（1）有利于实行战略一体化经营。总部着眼总体发展战略，日常经营战略决策权下放到事业部。 （2）有利于母公司简化和加强管理控制。每个事业部能灵活适应市场出现的新情况，有良好的市场适应性。 （3）有利于构造扁平化的组织结构。 （4）有利于培养高级管理人才。 （5）有利于节约信息披露成本，保护投资者的利益	（1）作为一个单纯的利润中心，如果事业部的决策权过大，会加大母公司的经营风险。 （2）各事业部都有自身的业务模块，面对不同的客户群体，因此每一个事业部都要设立相应的机构，易造成职能重复，管理费用上升。 （3）事业部独立核算，对母公司资源和共享市场的不良竞争，引发协调任务加重，集权与分权处理难度大

基于三种管控模式的优劣势分析，结合电网公司进入竞争市场的阶段、面临的政策环境、自身条件等要素，建议上级公司采取母子公司制管控模式对混合所有制配电公司进行管控，采用子母公司制的理由有以下三点：

（1）试点区域成立的配电公司采用母子公司制管控模式，虽然存在管理成本高、协调与控制难度较大等弊端，但在试点区域成立子公司，使子公司能够更加贴近市场，发现和捕捉各种潜在的市场机会，且配电公司作为独立的法人，更有充分的盈利动机，更有主动性与积极性提高市场竞争力，扩大市场占有率，提高经营效益，这对于上级公司保有存量市场，争取增量市场，并在竞争市场获取主导地位更有利。

（2）母子公司制管控模式的一个重要特点是当环境不确定性较高时，母公司对子公司的授权程度相对要高，使子公司能够以独立法人地位自主经营，促进各子公司不拘一格，积极探索与积累竞争市场经验，推陈出新、敢于突破，在新的竞争市场发挥引领作用，占据主导地位。鉴于电力体制改革初期，政策变化快、试点区域用户基本信息不足等诸多不确定因素，上级公司采取母子公司制的管控模式有利于各子公司积累不同区域市场竞争经验和各类竞争信息，为今后上级公司全面谋划竞争市场策略与提升整体竞争能力奠定基础和提供依据。

（3）母子公司制下，只要上级公司处理好母公司与子公司的关系，且上级公司在存量市场已经积累了诸多经验、具备客户、管理、人才、技术等较大优势，各子公司需要依赖上级公司的指导与管控才能在新的竞争市场发展与壮大。

总之，电网企业投资增量配电公司，应建立"管战略、管决策、管预算、要业绩"（"三管一要"）的增量配电公司管控模式，重点关注企业的发展战略、决策程序和年度预算，加强总经理、财务总监等关键岗位人员配置，依法依规制定公司章程，建立健全决策机制和内外部审计监督机制，运营机制遵循市场化，且高效、灵活。增量配电公司发展战略符合市场化改革趋势和省级配电网规划要求，决策程序符合现代企业法人治理结构和运行机制，年度预算符合中长期经营战略，实现合理投资收益目标。

5.9 退出管理

建立退出机制，是资本权益的重要保障，也是吸引社会资本投资的关键所在。国家发展改革委发布的《关于做好传统基础设施领域政府和社会资本合作工作通知》，提出构建多元化退出机制，推动 PPP 项目与资本市场深化发展相结合，依托各类产权、股权交易市场，通过股权转让、资产证券化等方式，丰富 PPP项目投资退出渠道，为社会资本退出指明了方向。

混合所有制配电公司同样面临社会资本退出的风险，包括主动退出和被动退出。主动退出，即增量配电项目低于预期收益或连续亏损时，社会资本可能自愿退出；被动退出，即项目终止、政策调整及外部不可抗因素发生时，社会资本必须强制退出。无论社会资本自愿退出还是强制退出，一方面电网企业应采取多种渠道，妥善安排社会资本退出事宜，降低社会资本退出影响；另一方面电网企业应履行国有企业责任，保障电网安全稳定，提供保底供电服务。

6 >

混合所有制增量配电公司的价值评估

按照微观经济学的观点，商品的价值源于有用性，而价值的实现则由商品的供给和需求双方共同决定，因此价值的高低直接揭示了商品是否有用以及是否稀缺。在市场经济条件下，竞争机制将稀缺资源配置在最能发挥其价值的领域，或者说自动实现资源的优化配置；而当竞争机制受阻时，就需要利用资源的影子成本来揭示稀缺程度。所以，价值评估的核心就是采用价值评估方法来度量资源有用性及其稀缺程度。

6.1 价值评估指标

经济价值，是指投资者对电网持续盈利能力的评价，对于新建电网项目，其经济价值就是预期的项目投资收益减去项目投资成本之后的利润折现值之和。经济价值仅突出企业或投资者自身利益，没有考虑对其他社会群体的影响。

电网建设项目的经济评价,要通过计算项目的经济评价指标来反映项目的投资经济效果。从各阶段连贯性及推广性角度，选取盈利能力评价中的财务内部收益率（*FIRR*）指标、财务净现值（*FNPV*）及投资回报期（*PBP*）作为核心评价指标。

6.1.1 财务内部收益率（*FIRR*）

财务内部收益率（*FIRR*）是反映项目实际收益率的一个动态指标，一般情况下，财务内部收益率大于或等于基准收益率时，项目可行。财务内部收益率的计算过程是解一元 n 次方程的过程，只有常规现金流量才能保证方程式有唯一解。项目在计算期内净现金流量现值累计等于零时的折现率，是考察项目盈利能力的主要动态评价指标。

FIRR 计算公式

$$\sum_{t=1}^{n}(CI-CO)_t(1+FIRR)^{-t}=0$$

式中　*FIRR*——财务内部收益率；

　　　　CI——内部现金流入量；

　　　　CO——流入现金流出量；

　　$(CI-CO)_t$——流出第 *t* 期的净现金流量；

　　　　n——项目计算期。

财务内部收益率（*FIRR*）指标考虑了资金的时间价值以及项目在整个计算期内的经济状况，不仅能反映投资过程的收益程度，而且 *FIRR* 的大小不受外部参数影响，完全取决于项目投资过程净现金流量系列的情况。避免了像财务净现值之类的指标那样需事先确定基准收益率这个难题，而只需要知道基准收益率的大致范围即可。但是，财务内部收益率计算比较麻烦，对于具有非常规现金流量的项目来讲，其财务内部收益率在某些情况下甚至不存在或存在多个内部收益率。

6.1.2　财务净现值（*FNPV*）

财务净现值（*FNPV*）是指项目按行业的基准收益率或设定的目标收益率，将项目计算期内各年的财务净现金流量折算到开发活动起始点的现值之和，它是房地产开发项目财务评价中的一个重要经济指标。主要反映技术方案在计算期内盈利能力的动态评价指标。

FNPV 计算公式

$$FNPV=\sum_{t=1}^{n}(CI-CO)_t(1+i_c)^{-t}$$

式中　　　*FNPV*——项目在起始时间点上的财务净现值；

　　　　　i_c——基准收益率；

　　$(CI-CO)_t(1+i_c)^{-t}$——技术方案第 *t* 期的净现金流量；

　　　　　n——技术方案计算期。

财务净现值是评价技术方案盈利能力的绝对指标。当 *FNPV*>0 时，说明该方案除了满足基准收益率要求的盈利外，还能得到超额收益；当 *FNPV*=0 时，说明该方案能够满足基准收益率要求的盈利水平，该方案在财务上是可行的；

当 *FNPV*＜0 时，说明该方案不能满足基准收益率要求的盈利要求，该技术方案不可行。

6.1.3 投资回报期（*PBP*）

投资回报期是计算项目投产后在正常生产经营条件下的收益额和计提的折旧额、无形资产摊销额用来收回项目总投资所需的时间，是与行业基准投资回收期对比来分析项目投资财务效益的一种静态分析法。投资回收期指标所衡量的是收回初始投资的速度的快慢。其基本的选择标准是：在只有一个项目可供选择时，该项目的投资回收期要小于决策者规定的最高标准；如果有多个项目可供选择时，在项目的投资回收期小于决策者要求的最高标准的前提下，还要从中选择回收期最短的项目。

投资回收期是指用投资方案所产生的净收益补偿初始投资所需要的时间，其单位通常用"年"表示。投资回收期一般从建设开始年算起，也可以从投资年开始算起，计算时应具体注明。

投资回报率（*PBP*）=投资总额/（年新增利润+年折旧额）

6.2 价值评估案例分析

安徽省宁国河沥试点区域配电增量业务项目是国家发展改革委、国家能源局确定的第一批增量配电投资业务放开试点项目。该研究以安徽省宁国河沥试点区域配电增量业务项目为例，主要依据国家相关政策和有关部门的行业发展规划以及项目委托单位的实际情况，按照项目的建设要求，对项目的实施在技术、经济等领域的科学性、合理性和可行性进行研究论证。

1. 项目投资

（1）电网建设投资。2016～2030 年，试点区域共建改 10kV 线路 99km，总投资 3876 万元。其中"十三五"期间，试点区域 I 期建改 10kV 线路 64km，投资 2782 万元。具体如下：

2017 年计划建改 10kV 线路 8km，总投资 336 万元。

2018 年计划建改 10kV 线路 28km，总投资 1168 万元。

2019 年计划建改 10kV 线路 16km，总投资 768 万元。

2020 年计划建改 10kV 线路 12km，总投资 510 万元。

2021～2030 年，Ⅱ期建改 10kV 线路 35km，总投资 1094 万元。

（2）生产营业用房建设投资。根据河沥试点区域的电量、业务量、所辖设备、资产，并参照《国家电网有限公司小型基建项目建设标准》A 类配电所标准建设，产营业用房建设总建筑面积达 $900m^2$，造价应控制在 4100 元/m^2 以内，建筑总造价约 369 万元。参照当地征地补偿标准，土地采取出让形式约需 60 万元/亩，共需 80.96 万元。参照其他配电所装修情况，营业厅装修约需 1800 元/m^2，共 18 万元，配电所其他装修约需 1100 元/m^2，共 88 万元。综上，生产营业用房总造价约 555.96 万元。

电网公司控股时，电网运维检修业务可由电网公司现有资源承担，本可研报告暂不考虑运维检修场所建设。以此为基础，实际生产营业用房建设面积为 $630m^2$，总造价约 389 万元。具体建设规模待配电公司组建及运营模式确定后进一步落实。

（3）电网配套投资。"十三五"期间，为满足试点区域调度、运维、检修等方面的电网配套总投资约需 1728 万元。电网公司控股时，暂仅计列为满足配电网运行、调度需求的配电自动化、智能化等投资 520 万元。

2. 主要指标预测

（1）总投资估算。项目总投资包括建筑安装工程费、设备购置费、其他费用、预备费和建设期利息。

项目总投资的分年度使用计划见表 6-1。

表 6-1　　　　　　　　　项目总投资的分年度使用计划

序号	年度（年）	分年度投资（万元）
1	2017	1245
2	2018	1168
3	2019	768
4	2020	510
5	2021～2030	1094

（2）资金筹措。注册资本金比例为 20%，其余资金有银行贷款解决，贷款年利率4.9%。借款偿还计划：按照等额还本付息偿还，全部贷款在运营期 10 年偿还。

（3）总成本费用估算。总成本费用系指在运营期内为生产产品提供服务所发生的全部费用，等于经营成本与折旧费、摊销费和财务费用之和。成本费用包括折旧、财务费用、保险费、运行维护费、大修费等直接成本费用和管理费用。

1）经营成本。材料费取固定资产的 1%，维护修理费取固定资产的 1.5%，其他费用取固定资产的 1%。测算该参数时采用电网公司平均测算参数（财务部核算电价采取的参数），考虑运营抢修采用外委模式，实际运营过程中可能会超出。

2017 年人工费取人均 8.75 万元/年（参考安徽省统计年鉴宣城市电力行业 2015 年平均工资水平，"十三五"期间按 7% 的增速考虑，"十三五"以后按 3% 的增速考虑），福利费系数 14%。员工人力资源结合电网规模逐步考虑新增人员，并计入人工成本。考虑到配电业务外委，人数暂不计列配电业务人员。

2）折旧费。固定资产形成比例为 75%，折旧年限取 20 年，残值率为 5%（固定资产形成比例参照国网安徽省电力有限公司的最新参数。折旧年限一般取 15～25 年，本次取折中）。

3）摊销费。无形资产形成比例为 25%，摊销年限取 5 年。

4）借款利息。短期借款贷款利率取 4%，流动资金贷款利率取 4%，流动资金贷款比例 70%。

3. 销售收入和各项税率

（1）销售收入。判断销售收入采用有无对比原则，有无对比是国际上项目评价中通用的费用与效益识别的基本原则。通过有项目状态与无项目状态对比，求出项目的增量效益。预估输配价格为 0.03 元/kWh（含税）。分年销售电量采用负荷电量预测数据，网损率取全省平均网损率 7.55%。

（2）各项税率。按照现行税率规定，参照增值税 17%、销项税率 17%、城市维护建设税率 7%、教育费附加税率 5%、材料费扣税率 17%、企业所得税 25% 计算。

4. 输配电价计算

针对电网企业控股方案，为使项目达到社会基准收益率 5%，计算达到基本标准时相应的输配电价。经计算，输配电价需达到 0.024 64 元/kWh（不含税）、0.028 83 元/kWh（含税）。

若使项目达到行业基准收益率 7%，经计算输配电价需达到 0.026 52 元/kWh（不含税）、0.031 02 元/kWh（含税）。含税输配电价高于预估含税配电价格（0.03 元/kWh）。

5. 敏感性分析

敏感性分析是指从众多不确定性因素中找出对投资项目经济效益指标有重要影响的敏感性因素，并分析、测算其对项目经济效益指标的影响程度和敏感性程度，进而判断项目承受风险能力的一种不确定性分析能力。

针对电网企业控股方案，测算电量及电价上下波动 10%对项目投资及经济性指标带来的影响。根据测算结果，电量与电价的敏感系数相同；电量、电价敏感系数大于建设投资，如表6-2、图6-1所示。

表6-2		敏 感 性 分 析 表		（%）
不确定因素	变化率	内部收益率	内部收益率变化率	敏感性系数
电价	-10.00	3.41	-21.53	2.15
电价	-5.00	3.89	-10.49	2.10
电价	5.00	4.78	10.00	2.00
电价	10.00	5.20	19.59	1.96
电量	-10.00	3.41	-21.53	2.15
电量	-5.00	3.89	-10.49	2.10
电量	5.00	4.78	10.00	2.00
电量	10.00	5.20	19.59	1.96
建设投资	-10.00	5.02	15.39	-1.54
建设投资	-5.00	4.67	7.47	-1.49
建设投资	5.00	4.04	-7.07	-1.41
建设投资	10.00	3.75	-13.82	-1.38

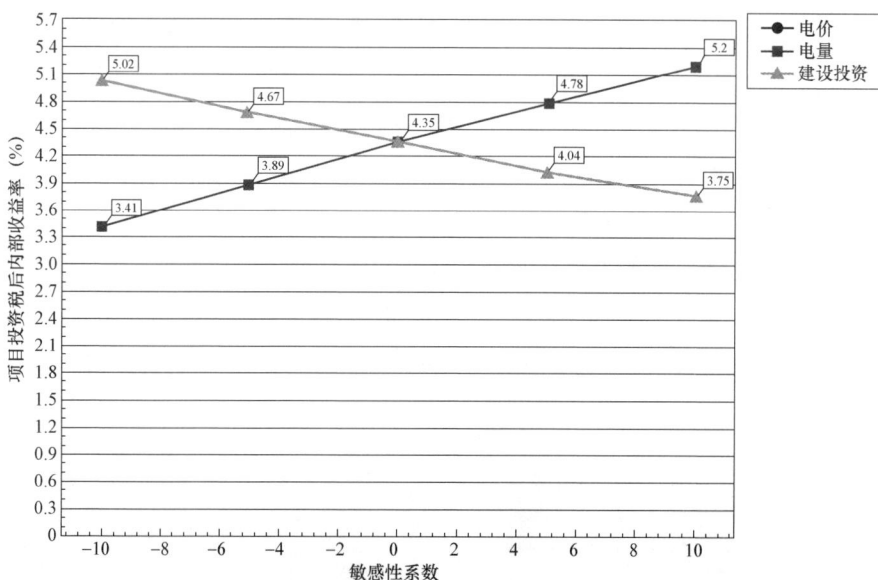

图6-1 敏感性分析变化图

注 电价和电量曲线重叠。

6. 投资收益测算

配电公司的投资收益有多种评价指标，该研究以配电公司的财务净现值、财务内部收益率及投资回收期作为评价投资可行性标准。

具体投资效益分析参数设定见表 6-3。

表 6-3   投 资 效 益 分 析 参 数

指 标	单位	数值	备注
自有资金动态投资	%	20	
贷款本金	%	20	
贷款利率	%	4.9	
短期贷款利率	%	4	
固定资产折旧年限	年	20	
固定资产残值比例	%	5	
年运营成本占投资比例	%	3.5	
增值税率	%	17	
附加税其中：城市维护建设税	%	7	
教育费附加	%	5	
所得税率	%	25	
盈余公积金其中：法定公积金	%	10	
任意公积金	%	—	
基准收益率	%	5	

（1）财务内部收益率（FIRR）。投资资金的稀缺性要求必须考虑资金的机会成本。财务内部收益率（FIRR）是反映工程项目经济效果的一项基本指标，指项目在建设及运行期内，各年净现金流量现值累计为零时的贴现率，一般以 5% 为基准比较，财务内部收益率越大表明经济效益越好。

通过计算，电网企业控股模式项目税前投资内部收益率为 5.78%，税后投资内部收益率为 4.35%，资本金投资内部收益率为 6.17%，资本金投资内部收益率大于基准收益率。财务内部收益率指标见表 6-4。

表 6-4   财务内部收益率指标   （%）

主要经济指标	财务内部收益率
项目投资税前	5.78
项目投资税后	4.35
项目资本金	6.17

（2）财务净现值（FVPN）。项目投产后20年内的现金流量，即现金流入扣除现金流出的现金折现汇总，一般以大于零判断是否盈利。

通过计算，项目投资税前财务净现值671.19万元，税后财务净现值－506.1万元，项目资本金223.84万元，项目资本金财务净现值大于零。财务净现值指标见表6－5。

表6－5　　　　　　财　务　净　现　值　指　标　　　　（万元）

主要经济指标	财务净现值
项目投资税前	671.19
项目投资税后	－506.1
项目资本金	223.84

（3）投资回收期。电网企业绝对控股模式项目税前投资回收期为16.8年，税后投资回收期为18.24年，项目资本金投资回收期为17.55年，项目投资回收期均小于20年。

7. 投资收益评价

通过对配电公司的财务净现值、财务内部收益率及投资回收期测算得出：电网企业控股模式下资本金财务净现值（FNPV）大于0，内部收益率（FIRR）大于基准收益率，投资回收期满足要求。从项目权益投资者角度来看，该项目在财务上可行。同时，对项目投资建设给出如下建议：

（1）争取采用电网企业控股的方式组建配电网公司。运维、调度人员由电网公司现有人员担任。

（2）加强试点区域电量负荷预测水平，及时跟踪试点区域企业发展状况，根据试点区域电力电量需求增长情况，逐步安排分年度建设投资，避免一次性按终期建成造成的资产闲置。

（3）严格按规划方案制定配网工程建设方案，控制试点区域整体投资水平，避免超预算投资带来的盈利水平下降。避免采用电缆入地的建设方式。

（4）加强工程施工和设备质量管控，优化公司和项目运营模式，采取专业外委等方式，合理降低运营成本，确保公司正常运营。

7 >

混合所有制增量配电公司的风险管理

风险是指某种特定的危险事件（事故或意外）发生的可能性与其产生的后果的组合。风险最鲜明的特点是不确定性，即发生概率的不确定性和造成后果的不确定性。风险管理就是通过对风险识别、评估、防控，降低风险发生概率及减轻风险造成后果的过程。

企业的任何商业活动都会带来风险，电网企业混合所有制改革也不例外，时刻面临着来自企业内部和外部的各类风险。在市场竞争中，没有风险就没有回报，企业希望获得回报率越高，所要承担的风险就越大。要想获得预期的回报，就必须正确地评估风险，科学地防范风险。组建混合所有制配电公司，推进增量配电业务改革，既是国家电力体制改革和国企混合所有制改革的政策所趋，又是优化市场资源配置，降低电价，更好服务经济社会发展的形势所迫。但是，混合所有制配电公司在我国刚刚起步，目前尚处于试点阶段，存在诸多亟待研究及解决的问题。其中，对混合所有制配电公司的风险管理是无法回避的问题。不能有效地管理风险，将可能导致混合所有制配电公司组建无法顺利进行，增量配电业务改革无法达到预期目标。因此，组建混合所有制配电公司存在哪些风险？如何对这些风险进行评估？风险评估后应该采取什么防控措施？上述问题已成为组建混合所有制配电公司面临的重要课题。

7.1 风险管理流程

风险管理是指在项目或者企业一个肯定有风险的环境里把风险可能造成的不良影响减至最低的管理过程。首先，风险管理必须识别风险。风险识别是确定何种风险可能会对企业产生影响，最重要的是量化不确定性的程度和每个风险可能造成损失的程度。其次，风险管理要准确评估风险。风险评估是在风险事件发生之前或之后（但还没有结束），该事件给人们的生活、生命、财产等各个方面造成的影响和损失的可能性进行量化评估的工作，即量化测评某一事件或事物带来的影响或损失的可能程度。最后，风险管理要着眼于风险控制。通过降低其损失发生的概率，缩小其损失程度来达到控制风险的目的。控制风险的最有效方法就是制定切实可行的应急方案，编制多个备选的方案，最大限度地对企业所面临的风险做好充分的准备。当风险发生后，按照预先的方案实施，可将损失控制在最低限度。

7.1.1 风险识别

风险识别是指在风险事故发生之前，人们运用各种方法系统的、连续的认识所面临的各种风险以及分析风险事故发生的潜在原因。风险识别过程包含感知风险和分析风险两个环节。感知风险，即了解客观存在的各种风险，是风险识别的基础，只有通过感知风险，才能进一步在此基础上进行分析，寻找导致风险事故发生的条件因素，为拟定风险处理方案，进行风险管理决策服务；分析风险，即分析引起风险事故的各种因素，它是风险识别的关键。

风险识别是风险管理中的首要工作，它的主要工作内容包括如下几个方面：

（1）识别并确定项目有哪些潜在的风险。这是项目风险识别的第一项工作目标，因为只有识别和确定项目可能会遇到哪些风险，才能够进一步分析这些风险的性质和后果。所以在项目风险识别中首先要全面分析项目发展变化的可能性，进而识别出项目的各种风险并汇总成项目风险清单。

（2）识别引起风险的主要影响因素。这是项目风险识别的第二项工作目标，因为只有识别出各项目风险的主要影响因素，才能把握项目风险的发展变化规律，才有可能对项目风险进行应对和控制。所以在项目风险识别中要全面分析各项目风险的主要影响因素及其对项目风险的影响方式、影响方向、影响力度等。

（3）识别风险可能引起的后果。这是项目风险识别的第三项工作目标，因为只有识别出项目风险可能带来的后果及其严重程度，才能够全面地认识项目风险。项目风险识别的根本目的是找到项目风险以及消减项目风险不利后果的方法，所以识别项目风险可能引起的后果是项目风险识别的主要内容。

7.1.2 风险评估

风险评估是指对过去损失资料分析的基础上，运用概率论和数据统计的方法，通过定性和定量等技术手段评估和评价风险发生的可能性和危害程度，对损失频率和损失程度做出估计，确定风险指标值，通过与风险标准进行比较，确定风险等级，由此确定风险是否可以接受以及风险控制措施，并以此作为选择应对风险的方法依据。风险评估常见的方法有：

（1）风险因素分析法。风险因素分析法是指对可能导致风险发生的因素进行评价分析，从而确定风险发生概率大小的风险评估方法。其一般思路如图 7-1 所示。

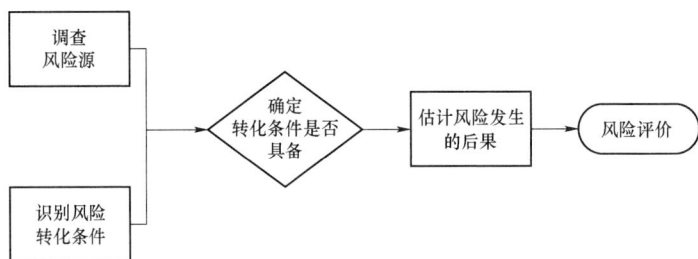

图 7-1　风险因素分析图

（2）模糊综合评价法。模糊综合评价法是一种基于模糊数学的综合评价方法。该综合评价法根据模糊数学的隶属度理论把定性评价转化为定量评价，即用模糊数学对受到多种因素制约的事物或对象做出一个总体的评价。它具有结果清晰，系统性强的特点，能较好地解决模糊的、难以量化的问题，适合各种非确定性问题的解决。

（3）内部控制评价法。内部控制评价法是指通过对被审计单位内部控制结构的评价而确定审计风险的一种方法。由于内部控制结构与控制风险直接相关，因而这种方法主要在控制风险的评估中使用。

（4）分析性复核法。分析性复核法是注册会计师对被审计单位主要比率或趋势进行分析，包括调查异常变动以及这些重要比率或趋势与预期数额和相关信息的差异，以推测会计报表是否存在重要错报或漏报可能性。常用的方法有比较分析法、比率分析法、趋势分析法三种。

（5）定性风险评价法。定性风险评价法是指那些通过观察、调查与分析，并借助注册会计师的经验、专业标准和判断等能对审计风险进行定性评估的方法。它具有便捷、有效的优点，适合评估各种审计风险。主要方法有：观察法、调查了解法、逻辑分析法、类似估计法。

（6）风险率风险评价法。风险率风险评价法是定量风险评价法中的一种。

它的基本思路是：先计算出风险率，然后把风险率与风险安全指标相比较，若风险率大于风险安全指标，则系统处于风险状态，两数据相差越大，风险越大。风险率等于风险发生的频率乘以风险发生的平均损失，风险损失包括无形损失，无形损失可以按一定标准折换或按金额进行计算。风险安全指标则是在大量经验积累及统计运算的基础上，考虑到当时的科学技术水平、社会经济情况、法律因素以及人们的心理因素等确定的普遍能够接受的最低风险率。风险率风险评价法可在会计师事务所以及注册会计师行业风险管理中使用。

7.1.3　风险控制

风险控制是指风险管理者采取各种措施和方法,消灭或减少风险事件发生的各种可能性，或风险控制者减少风险事件发生时造成的损失。总会有些事情是不能控制的，风险总是存在的。作为管理者会采取各种措施减小风险事件发生的可能性，或者把可能的损失控制在一定的范围内，以避免在风险事件发生时带来的难以承担的损失。风险控制的四种基本方法是：风险回避、损失控制、风险转移和风险保留。

（1）风险回避。风险回避是投资主体有意识地放弃风险行为，完全避免特定的损失风险。简单的风险回避是一种最消极的风险处理办法，因为投资者在放弃风险行为的同时，往往也放弃了潜在的目标收益。所以，一般只有在以下情况下才会采用这种方法：

1）投资主体对风险极端厌恶。

2）存在可实现同样目标的其他方案，其风险更低。

3）投资主体无能力消除或转移风险。

4）投资主体无能力承担该风险，或承担风险得不到足够的补偿。

（2）损失控制。损失控制不是放弃风险，而是制定计划和采取措施降低损失的可能性或者是减少实际损失。控制的阶段包括事前、事中和事后三个阶段。事前控制的目的主要是降低损失的概率，事中和事后的控制主要是为了减少实际发生的损失。

（3）风险转移。风险转移是指通过契约，将让渡人的风险转移给受让人承担的行为。通过风险转移过程有时可大大降低经济主体的风险程度。风险转移的主要形式是合同和保险。

1）合同转移。通过签订合同，可以将部分或全部风险转移给一个或多个其他参与者。

2）保险转移。保险是使用最为广泛的风险转移方式。

（4）风险自留。风险自留，即风险承担，也就是说，如果损失发生，经济主体将以当时可利用的任何资金进行支付。风险保留包括无计划自留、有计划自我保险。

1）无计划自留。无计划自留指风险损失发生后从收入中支付，即不是在损失前做出资金安排。当经济主体没有意识到风险并认为损失不会发生时，或将意识到的与风险有关的最大可能损失显著低估时，就会采用无计划保留方式承担风险。一般来说，无资金保留应当谨慎使用，因为如果实际总损失远远大于预计损失，将引起资金周转困难。

2）有计划自我保险。有计划自我保险指可能的损失发生前，通过做出各种资金安排以确保损失出现后能及时获得资金以补偿损失。有计划自我保险主要通过建立风险预留基金的方式来实现。

7.2 风险管理实证分析

风险矩阵（risk matrix method，RMM）是一种经典的风险管理方法，具有可行性强、辨识度高等特征，被广泛运用于风险管理之中。风险矩阵，即在识别风险的基础上，将风险概率和风险后果综合评估，进而明确风险等级，提出风险防控措施。美国空军电子系统中心（1995）在对采办项目的寿命周期风险评估工作中，首次系统地提出并应用了风险矩阵评估方法。学者 PAUL（1998）等人撰文对风险矩阵进行了全面科学的阐述。目前，国内学者对风险矩阵的研究主要集中在两大方面，一方面是风险矩阵的模型、技术及优化策略等方面的方法研究；另一方面是风险矩阵在企业风险管理中的应用研究及行业、项目风险管理中的应用研究，例如，学者们运用风险矩阵方法对技术创新、信息安全与可操作性分析等企业管理风险及风电项目、电力系统及结构与电力设备设施、电力公司信息安全等行业、项目风险展开了研究。

风险矩阵的应用主要有三个步骤：第一步是风险识别，即对尚未发生的、客观存在的各类风险进行系统的分析和归纳，风险识别是风险评估的前提与基础，未准确、全面地识别风险就不能客观、充分地进行风险评估；第二步是风险评估，即通过定性和定量等技术手段评价风险概率和风险后果，对损失频率和损失程度做出估计，确定风险指标值，进而与风险标准进行比较，确定风险等级，明确风险是否可以接受，风险矩阵主要应用于评估环节；第三步是风险防控，风险防控是风险评估的最终目的，在明确风险评估等级的基础上，对所有风险采取分类式、差异化的防控措施，力争做到风险不发生或风险发生造成损失最小化。

1. 混合所有制配电公司风险识别

风险识别的方法主要有文献梳理法、流程图法、研讨会法、问卷调查法、案例分析法等。运用文献梳理法和研讨会法对混合所有制配电公司风险识别展开了研究，即在梳理国有企业混合所有制改革的共同风险和电力行业增量配电业务改革的行业风险的基础上，与电力体制改革的研究学者、混合所有制配电公司组建的专业从业者共同研讨，初步得出混合所有制配电公司可能面临风险的一致结论。经过研究，混合所有制配电公司可能面临治理风险、财务风险、市场风险、经营风险、技术风险、政策风险等六类风险，每类风险均包括若干个具体风险。混合所有制配电公司风险识别见表7-1。

表7-1　　　　　　　　　混合所有制配电公司风险识别

风险类型	风险	风险代码	风险描述
治理风险	治理机构设置风险	R1	股东会、董事会、监事会及经理层设置不完善或虚设造成决策、监督及经营的风险
	股权结构设计风险	R2	股权比例设计不当，引发不同股东之间利益相互侵蚀的风险
资金风险	外部金融风险	R3	通货膨胀或收缩等金融货币市场冲击而产生的外部金融风险
	资金注入风险	R4	因资金不能适时注入而导致混合所有制配电公司失败的资金风险
	资本退出风险	R5	投资资本的退出机制不完善，退出渠道不畅通，使所吸引的风险投资"变色"的风险
市场风险	行业竞争风险	R6	混合所有制配电企业与现有配电企业的竞争风险
	新兴市场风险	R7	新兴市场出现对混合制所有制企业开拓市场、经营管理、应对能力等提出的挑战
	客户认同风险	R8	混合制配电企业的客户认同度可能低于预期，导致潜在客户流失的风险
经营风险	管理不善风险	R9	因管理不善而导来的管理风险，如决策风险、组织风险和人力资源流失的风险
	激励机制风险	R10	激励机制设置不完善导致利益和价值错配的风险
	信息不对称风险	R11	由于信息不对称带来的"内部控制人"风险
技术风险	传统技术淘汰风险	R12	市场观念和外部需求发生变化、技术革新淘汰原有设备及产品所带来的风险
	新型技术研发风险	R13	互联网技术、智能电网、技术研发成本过高等带来的风险
政策风险	政策调整风险	R14	混合所有制改革和电力体制改革持续推进，政策调整带来不确定性风险
	监管不到位风险	R15	监管体制不健全、监管不严等监管不到位带来的风险

2. 混合所有制配电公司风险评估

（1）风险评估矩阵设计。采用风险矩阵对混合所有制配电公司风险进行评估，应遵循设计在先，应用在后的原则。设计风险评估矩阵，即对风险概率和风险后果设定等级并赋予分值，并综合风险概率和风险后果构建风险矩阵，按照不同风险概率和风险后果的组合，明确并定义风险等级。

1）混合所有制配电公司风险概率等级设计。风险概率是指被调查者认为风险发生的概率大小。本文采用李克特五点量表对混合所有制配电公司风险概率划分等级并赋予分值，分为基本不可能、概率较小、较可能、概率较大、极为可能五个等级，依次对应赋予 1、2、3、4、5 分的分值，具体见表 7-2。

表 7-2　　　　　　　　　混合所有制配电公司风险概率标准

风险概率	风险概率代码	风险概率赋值
基本不可能	P_a	1
概率较小	P_b	2
较可能	P_c	3
概率较大	P_d	4
极为可能	P_e	5

混合所有制配电公司风险概率矩阵为：

$$P_n = \begin{vmatrix} P_{ai} \times 1/N \\ P_{bi} \times 2/N \\ P_{ci} \times 3/N \\ P_{di} \times 4/N \\ P_{ei} \times 5/N \end{vmatrix}$$

其中，P_n 代表风险 n 的概率，P_{ai}、…、P_{ei} 代表选择相应风险概率的样本数，N 代表样本总数。

混合所有制配电公司风险概率得分即为风险概率矩阵各项的总和，计算公式为：

$$P_n = \Sigma(P_{ai} \times 1 + P_{bi} \times 2 + P_{ci} \times 3 + P_{di} \times 4 + P_{ei} \times 5)/N$$

2）混合所有制配电公司风险后果等级设计。风险后果是被调查者认为风险造成的严重程度。本文采用李克特五点量表对混合所有制配电公司风险后果划分等级并赋予分值，分为影响较小、影响一般、影响较严重、影响相当严重、影响极为严重五个等级，同样依次对应赋予 1、2、3、4、5 分的分值，具体见表 7-3。

表 7-3   混合所有制配电公司风险后果标准

风险后果	风险后果代码	风险后果赋值
影响极小	C_a	1
影响较小	C_b	2
影响一般	C_c	3
影响较严重	C_d	4
影响极为严重	C_e	5

混合所有制配电公司风险后果矩阵为：

$$C_n = \begin{vmatrix} C_{ai} \times 1/N \\ C_{bi} \times 2/N \\ C_{ci} \times 3/N \\ C_{di} \times 4/N \\ C_{ei} \times 5/N \end{vmatrix}$$

其中，C_n 代表风险 n 的后果，C_{ai}、$\cdots$、C_{ei} 代表选择相应风险后果的样本数，N 代表样本总数。

混合所有制配电公司风险后果得分即为风险后果矩阵各项的总和，计算公式为：

$$C_n = \Sigma\ (C_{ai} \times 1 + C_{bi} \times 2 + C_{ci} \times 3 + C_{di} \times 4 + C_{ei} \times 5)\ /N$$

3）混合所有制配电公司风险等级标准。如表 7-4 所示，混合所有制配电公司风险等级分为三个级别，分别运用英文首字母的 L、M、H 表示。等级越低，表示风险越可以接受，只需对风险进行管理审视；等级越高，表示风险越不可以接受，越要采取有效措施，防范并消除风险。

表 7-4   混合所有制配电公司风险等级标准

风险等级	等级定义	管理措施
L	低风险	基本可以接受，同时进行管理审视
M	一般风险	不希望发生，同时进行决策管理，拒绝风险发生
H	高风险	不可以接受，立即采取措施，防范并消除风险

4）混合所有制配电公司风险矩阵构建。将混合所有制配电公司风险概率得分划分为 0（含）、1（含）、2（含）、3（含）、4（含）分五个等级，风险后果得分划分为 0（含）、1（含）、2（含）、3（含）、4（含）分五个等级，基于不同等级的风险概率得分和风险后果得分，构建如表 7-5 所示的混合所有制配电公司

风险矩阵。

表7-5 混合所有制配电公司风险矩阵

风险后果	风险概率				
	0~1（含）分	1~2（含）分	2~3（含）分	3~4（含）分	4~5（含）分
0~1（含）分	L	L	L	L	M
1~2（含）分	L	L	M	M	M
2~3（含）分	L	M	M	M	H
3~4（含）分	L	M	M	H	H
4~5（含）分	M	M	H	H	H

注 风险概率值为连续数值，"含"是指包含相应等级概率的整数值。

（2）风险评估矩阵应用分析。混合所有制配电公司风险评估风险矩阵的应用，即在风险识别和风险评估矩阵设计的基础上，通过对风险的实际调查、统计及分析，确定风险的相应等级。

1）混合所有制配电公司风险评估调查过程。问卷调查法是风险评估调查较常用、较成熟的方法。本文采用问卷调查法对混合所有制配电公司风险评估进行调查。基于混合所有制配电公司风险识别，回答了"评估什么风险"的问题；基于混合所有制配电公司风险评估矩阵设计，回答了"怎样评估风险"的问题。本文以此为基础，设计了混合所有制配电公司风险调查问卷，问卷主要内容是运用李克特五点量表评价混合所有制配电公司15项风险的发生概率和造成后果。

在国家发展改革委、国家能源局批准的前三个批次增量配电业务改革试点项目中，安徽省共涉及13个项目。本文以国网安徽省电力有限公司隶属的宁国、金寨、六安、淮北等正在组建或即将组建混合所有制配电公司的市、县配电公司为调查对象，对参与混合所有制配电公司的相关专业从业者发放调查问卷，由上述人员对混合所有制配电公司风险概率和风险后果进行评分。整个调查共发放问卷55份，回收问卷52份，剔除缺失值大于3及不认真填写的无效问卷7份后，实际有效问卷45份。

2）混合所有制配电公司风险评估调查结果。对有效问卷展开统计分析，计算混合所有制配电公司风险概率得分和风险后果得分。如图7-2所示，风险概率得分在3~4（含）分和2~3（含）分两个等级。其中，风险概率得分处于3~4（含）分等级的风险从高到低依次是：R6、R9、R8、R2、R4、R13、R5、R7、R1、R15，风险概率得分处于2~3（含）分等级的风险从高到低依次是：R14、

R11、R10、R12、R3。如图 7-3 所示，风险后果得分在 3～4（含）分和 2～3（含）分两个等级。风险后果得分处于 3～4（含）分等级的风险从高到低依次是：R8、R9、R5、R7、R1、R6、R2、R4、R14、R15、R13，风险后果得分处于 2～3（含）分等级的风险从高到低依次是：R10、R12、R3、R11。

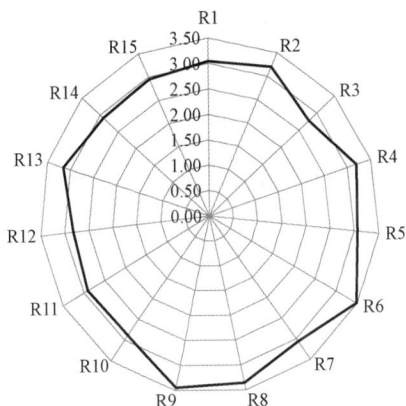

图 7-2　混合所有制配电公司
风险后果得分值（分）

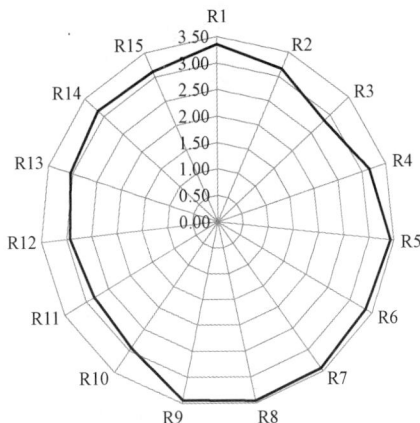

图 7-3　混合所有制配电公司
风险概率得分值（分）

　　基于混合所有制配电公司风险概率得分和风险后果得分，根据混合所有制配电公司的风险评估矩阵，通过分析得出：混合所有制配电公司风险整体处于 M 等级风险和 H 等级风险两个等级中，具体见表 7-6。其中，外部金融风险 R3、激励机制风险 R10、信息不对称风险 R11、传统技术淘汰风险 R12、政策调整风险 R14、监管不到位风险 R15 为 M 等级风险，上述风险的发生概率都处于 2～3（含）分等级，除政策调整风险 R14、监管不到位风险 R15 处于 3～4（含）分等级，其余风险的造成后果都处于 2～3（含）分等级；治理机构设置风险 R1、股权结构设计风险 R2、资金注入风险 R4、资本退出风险 R5、行业竞争风险 R6、新兴市场风险 R7、客户认同风险 R8、管理不善风险 R9、新型技术研发风险 R13 为 H 等级风险，上述风险的发生概率都处于 3～4（含）分等级，造成后果也都处于 3～4（含）分等级。

表 7-6　　　　　　混合所有制配电公司风险评估结果　　　　　　（分）

风险	风险概率得分	风险后果得分	风险等级
R1	3.04	3.36	H
R2	3.20	3.16	H
R3	2.78	2.84	M

风险	风险概率得分	风险后果得分	风险等级
R4	3.20	3.16	H
R5	3.07	3.43	H
R6	3.49	3.36	H
R7	3.07	3.43	H
R8	3.36	3.45	H
R9	3.44	3.44	H
R10	2.89	2.93	M
R11	2.91	2.82	M
R12	2.82	2.93	M
R13	3.16	3.04	H
R14	2.91	3.16	M
R15	2.96	3.11	M

3. 混合所有制配电公司风险防控对策

风险评估的最终目的是为风险防控提供依据和支撑。在明确混合所有制配电公司风险等级的基础上，要对风险进行有效防控，从而降低风险发生概率、减轻风险造成后果。

（1）混合所有制配电公司 M 等级风险防控对策。M 等级风险介于 H 等级和 L 等级风险之间，管理者不希望发生，同时应该进行决策管理，拒绝风险发生。针对外部金融风险，建议综合外部金融因素，安排公司融资、投资等金融决策；激励机制风险，建议基于委托－代理制度，完善对各级代理人的激励机制；针对信息不对称风险，建议加强信息管理及外部监督，建立经营者约束机制；针对传统技术淘汰风险，建议合理评估设备及产品更换成本及收益，适时完成更换；针对政策调整风险，建议充分研读、执行政策，并通过多种渠道影响、参与政策的制定，针对监管不到位风险，建议发挥上级公司、政府部门、社会公众等多种主体的监管作用，防止混合所有制配电公司成为"独立王国"。

（2）混合所有制配电公司 H 等级风险防控对策。H 等级风险属于高风险，管理者不可以接受，应该立即采取措施，防范并消除风险。针对治理机构设置风险，建议严格按照《中华人民共和国公司法》，设置"三会一层"治理机构并有效行使相应职权；针对股权结构设计风险，建议采用国有资本相对控股方式设计股权结构，有效吸引社会资本，并保证国有资本话语权；针对资金注入风险，建议明确资金注入到位时间及违约责任；针对资本退出风险，建立健全资本退出机制，在法律法规范围内，保证资本的自由度；针对行业竞争风险，建议混合所有制配电公司纳入电网统一运营，避免配电企业无序竞争，保障电力供应安全；针对新兴市场风险，建议重点关注电力需求较大且集中的工业园区，做好投资回报测算；针对客户认同风险，建议积极拓展客户资源，与相关大客户签订配电协议；针对管理不善风险，建议科学设置管理组织及配置管理人员，优化决策机制；针对新型技术研发风险，建议借助上级公司和外部公司技术优势，实现技术共享。

需要说明的是，不同时期混合所有制配电公司的风险可能发生变化，不同研究方法得出的混合所有制配电公司的风险结论可能有所不同，不同管理者对混合所有制配电公司风险的关注点也可能存在区分，因此混合所有制配电公司风险管理研究是一项长期性课题，不可能一步到位，也是一项差异化课题，不可能千篇一律。本文运用风险矩阵的方法，以国网安徽省电力有限公司下辖的正在组建或即将组建混合所有制配电公司的市、县公司为调查对象，对混合所有制配电公司风险进行了尝试性研究。期待后来学者在完善风险识别、调整研究方法、优化研究样本等方面做出新的探索。

案 例 篇

8 >

深圳前海蛇口自贸区供电
有限公司混合所有制改革

20世纪90年代开始,我国允许国内民间资本和外资参与国有企业改组改革,经济改革的实践证明,混合所有制能够有效促进生产力发展。国有企业混合所有制改革在我国并非新生物,发展到今天为止,已经有部分成功的案例。中国南方电网公司率先在增量配电领域成立混合所有制供电企业。由中国南方电网深圳供电公司(以下简称"深圳供电公司")、招商局地产等5家企业共同组建了国资控股的深圳前海蛇口自贸区供电有限公司(以下简称"前海供电"),于2015年11月30日挂牌成立,2016年7月4日取得国家能源局南方监管局核发的电力业务许可证(供电类),9月20日取得广东省经信委核发的供电营业许可证。

前海供电成立的重要意义在于整合电网公司电网运营管理经验、上市公司的现代公司治理结构、新能源公司分布式能源应用以及节能技术服务领域的专业实力,实现优势互补,促进企业效益提升,着力构建定位清晰、权责对等、运转协调、制衡有效的治理结构。前海供电的组建先于国家主导的增量配电改革,作为配电网市场化改革的成功案例,具有典型的借鉴意义。该研究综述多方媒体资料,以前海供电混合所有制改革为案例进行研究,并得出经验启示。

8.1 改革动因

1978年以来,深圳一直是中国改革示范窗口,在自由贸易、现代服务业、金融业等领域改革突飞猛进,取得良好效果。在改革思想和创新精神方面,电力体制改革自然不甘落后,具有较好先行先试的内外环境优势。有关资料显示,深圳供电局有限公司（以下简称"深圳供电公司"）2013 年与前海管理局签订"深圳前海深港现代服务业合作区供电合作协议"，将前海供电营业区作为电力管理创新的试点和战略合作示范区。9 号文件出台后，中国南方电网公司进一步在前海深化电力体制改革，率先引入社会资本，组建增量配电公司，探索电网企业混合所有制改革。

前海供电由深圳供电公司、招商局集团招商地产、中广核集团能之汇投资有限公司、文山电力股份有限公司、前海控股公司联合组建，首期注册资金 1 亿元人民币，主要负责前海蛇口自贸区总面积约 $28×10^6 m^2$ 范围内 220kV 及以下配售电及从事综合能源供应等业务。

作为由 5 家企业共同出资创建的混合所有制企业，前海供电汇聚了电力、能源领域多家优质企业的资源，将通过各方的股权合作，致力于打造具有高效法人治理结构的现代企业制度，促进配电企业转型升级。

8.1.1　行业动因

（1）以混合所有制体制推动电力产业由大到强。随着我国发展成为世界第二大经济体，我国已成为全球最大的能源生产国、消费国和碳排放国。电网规模和发电能力均居世界第一，我国以超过美国的能源消费总量、电网规模和发电能力，但仅支撑了不到美国一半的经济总量，这在很大程度上反映出我国经济总体素质和效率的低下，其中也与我国能源粗放式发展、效率低下和电力在能源消费中的比重偏低等有很大关系。具体到电力行业本身，我国电网由国有资本垄断经营，两头薄弱问题没有得到解决，电网优化配置资源和消纳可再生能源的能力有待进一步提高。发电产业国有资本独大，民营资本主要集中在以太阳能和风力发电为主的新能源装备制造领域，由于缺乏有效的市场激励机制和投资约束机制，盲目投资现象严重，企业利润水平受国家政策影响较大。国有发电企业大而不强的问题比较突出，正如党的十八届三中全会决定指出，国有资本、集体资本、非公有资本等交叉持股相互融合的混合所有制经济有利于国有资本放大功能、保值增值、提高竞争力；有利于各种所有制资本取长补短、相互促进、共同发展。对于国有资本独大、大而不强和民营资本希望进入、难以进入。

（2）以混合所有制体制推动电力市场化改革。2002 年开始的我国新一轮电力体制改革实现了政企分开、厂网分开、主辅分离，但竞价上网等没有完成的既定改革任务成了难啃的硬骨头，电力体制改革步入深水区。当前我国电力市场发展相对滞后，主要表现在竞争性业务和非竞争性业务尚未分开、非竞争性业务未独立核算成本不透明、政府难以实现科学定价、竞争性业务则市场体系不健全、市场主体竞争不充分、尚未实现市场自主定价、同时价格结构不合理、交叉补贴严重。新一轮电力体制改革进展及今后更多市场化取向的改革是在电力行业发展混合所有制经济的必要条件。同时，发展混合所有制经济尤其是在增量配电环节和售电环节引入民资，既是新一轮电力体制改革的重要内容，也将倒逼电力市场化改革的整体纵深推进，促进新电力体制改革方案的系统实施。只有实现竞争性业务和非竞争性业务分开，才能针对不同业务环节采取不同的混合所有制策略。对处于自然垄断地位的输配电环节，应重点发展国资控股的混合所有制，其中的增量配电可扩大民资持股比例乃至发展民资控股的混合所有制。通过引入民资有利于国资放大功能、增强国有经济活力、控制力和影响力。同时，对输配环节进行独立核算是引入民资的前提条件，以使输配电成本透明化、规范化，为政府科定价提供依据，最终使民资和国资平等获得合理的准许收益水平。处于行业两端的发电和售电业务属于竞争性环节，在发展混合所有制时可以采取更灵活的策略，既可以发展国资控股的混合所有制，使国资借助民资实现放大功能，也可以发展民资控股的混合所有制，使民资借助国资实现放大功能。两种混合所有制企业互相竞争，以及在同一企业内民资对国资的科学有效制衡，可促使国资控股的混合所有制企业提高经营效率，抑制盲目投资，最终实现国资效率、民资进入积极性和发电售电环节整体效率的共同提升，同时无论是哪种形式的混合所有制，都要求给民资以稳定的投资回报预期。因此，必然要求改变政府定价的现状，建立完善市场体系，形成竞争形成价格。价格反映成本的价格形成传导机制，最终市场价格能够有效传导给电力消费者，实现促进节能的目的。

（3）以混合所有制体制推动电力与其他相关产业协同发展。随着经济社会发展进步，电力占终端能源消费的比重将不断加大，再考虑到我国人口基数大，电力消费总量必然会有较大的增长。在这一过程中，受节能减排的推动能源发展以清洁电力为中心的趋势会越来越明显。充分发挥二次电力能源的联系纽带作用、充分发挥各类能源的协同效应、实现电力工业内部及其与其他能源产业协同发展是推动能源生产和消费革命的应有之义。而通过发展混合所有制的改革，将不同企业之间的协调变为一个企业内部的协调，有利于减少协调成本，促进相关产业一体化协同发展。

能源混业经营是当今能源企业经营发展的一个重要特征，在我国能源混业经营已经初露端倪，但总体来看我国能源混业经营的历史不长，仍处于起步阶段。以电动汽车充换电设施建设为例，之前，国家电网有限公司在北京召开开放分布式电源并网工程，电动汽车充换电设施市场新闻发布会公布了在相关领域开放市场的重大举措。电动汽车充换电设施建设是制约电动汽车发展的关键因素。此前电网企业虽然做了大量投资，但终究引入社会资本有利于加快充电设施普及，而在这一过程中，如能通过混合所有制的形式实现电网企业推动电动汽车更大范围商业化普及、电池企业拥有汽车用能补给的加油站、加气站，代表充电电源发展方向的可再生能源开发企业，以及看好电动汽车未来发展的有实力的其他民企进行更密切的合作，则有利于克服困难和阻力，形成共识和合力。促进电动汽车大规模商业化推广时代的早日到来，除了电动汽车充换电设施建设，发展城市智能电网、天然气分布式发电、电网与储能、发电与储能用电与储能、电网与互联网、电网与城市其他地下、空中公共设施管网建设、煤电、气电、热电、发电与高耗电行业、传统化石能源与新能源和可再生能源等方面都可以在融合发展上创新思路。以混合所有制为重要实现形式，实现上游和下游、资金与资源、资金与技术、资源与技术、实力与活力、传统与现代等的优势互补，进而推动以电力为中心的能源相关产业融合发展，实现能源生产和消费的革命。

（4）以混合所有制体制推动可再生能源持续健康发展。我国可再生能源在发展迅猛的同时，也面临着一些待解的难题。其中包括，弃风弃光弃水造成资源严重浪费、水电开发面临移民难问题、垃圾焚烧发电面临邻避危机、分布式能源发展面临场地协调难、融资难、并网接入难等。创造性地运用混合所有制的形式，有利于这些问题的解决。对于解决弃风弃光弃水问题，引入社会资本投资建设分布式电源网工程、储能装置和输电工程，都将起到一定的促进作用。同时，通过混合所有制—高级形式，可以实现可再生能源的充分利用。① 利用不同可再生能源的不同特点，在风光互补，风光与可调节的水电互补等方面实现协同发展；② 针对可再生能源不稳定、随机性的特点，在可再生能源与传统煤电，大规模储能（包括抽水蓄电能、电动汽车等）方面实现协同发展；③ 在开发利用模式上，实现可再生能源分布式与集中式开发的协同发展；④ 在开发利用环节上，实现可再生能源发电与并网，储输环节的协同发展；⑤ 在市场消纳方面，实现可再生能源与海水淡化，北方冬季供暖等耗能产业的协同发展。

8.1.2　体制动因

中共中央、国务院印发的《关于进一步深化电力体制改革的若干意见》提出，鼓励社会资本投资配电业务，逐步向符合条件的市场主体放开增量配电投资业务，鼓励以混合所有制方式发展配电业务。目前，深圳前海为全新开发区域，该区域内的配电业务属于全新的增量配电业务，与电力体制改革有关放开增量配电投资的导向高度契合。作为中国南方电网公司改革发展中先行先试的区域，深圳供电公司于 2013 年与前海管理局签订深圳前海深港现代服务业合作区配电合作协议，确定将前海列为引入国际先进电力企业管控模式的创新试点和战略合作示范区，开始了配电企业混合所有制改革的前瞻性探索，最终与四家企业达成合作协议，共同组建前海供电，成为全国率先引入社会资本投资增量配网、推进混合所有制改革的配电网项目。

前海具有高起点的战略定位，是国家推进自由贸易试验区、深港现代服务业合作区，同时也肩负着现代服务业体制机制创新区、现代服务业发展集聚区、香港与内地紧密合作的先导区、珠三角地区产业升级引领区的特殊功能，其产业结构主要为金融业、现代物流业、信息服务业等，对配电可靠性要求非常高。通过放开增量配电投资，建立由国有资本控股的混合所有制企业，将有利于促进和加快前海配电网建设发展，做大做强深圳前海蛇口电网，为前海蛇口自贸区经济发展提供强有力保障；同时，还可以为电网建设运营管控模式的创新发展及配电服务领域的混合所有制改革积累经验，符合国家积极发展混合所有制经济的改革部署。

8.2　改革进程

2013 年 1 月，深圳供电公司与前海管理局签订了"深圳前海深港现代服务业合作区配电合作协议"，协议明确：深圳供电公司以国际一流标准对前海合作区内电网进行统一规划、统一建设、统一运营，同时确立深圳供电公司在前海的配电主体地位。至此，长达 3 年的配电企业混合所有制改革的试水之路开始启程。

作为配网混合所有制供电公司，前海供电的组建从一开始就是摸着石头过河，名副其实地探索前进。令人欣慰的是，探索期间，党的十八届三中全会《全面深化改革若干重大问题的决定》及中共中央、国务院《关于深化国有企业改革的指导意见》(中发〔2015〕22 号) 等一系列国企改革文件陆续出台, 也为推进国有企业混合所有制改革指明了方向。

与合作方从博弈、碰撞到协调、达成共识, 是最艰难也是最有意义的过程。比如招商地产是上市公司, 企业运作遵循现代企业制度, 同时上市公司也更看重回报率等。通过多年的对标, 深圳供电公司在管理上与国际先进电网企业已基本接近, 但在理念上, 在对政策、环境的判断上仍然存在很大差距。谈判是一步步学习, 也是与合作各方慢慢靠近的过程。

最终, 前海供电由合作五方共同出资, 在前海蛇口区域开展电网投资、建设、运营和客户服务, 从事综合能源供应等业务。未来, 它还将从配电企业向国际领先的综合能源供应服务商转型。在组织架构上, 依据《中华人民共和国公司法》设立了股东会、监事会、董事会。因为公司股东中有招商地产和文山电力两个上市公司, 作为关联方, 前海供电的任何决策和信息, 肯定都是第一时间向投资者公布的, 这是一个全新的配电企业运作模式, 它是十分透明的、信息及时披露的、受到投资者和全社会监督的公司, 这也完全符合未来前海发展的需要。

2015 年 4 月, 广东自贸区前海蛇口片区正式揭牌。它既是广东自贸区的重要组成部分, 也是深港经济深度合作的主要板块。特区中的特区——前海, 迎来新一轮开发建设机遇。半年后, 前海再次获得世界关注。2015 年 11 月 30 日, 前海供电在前海正式成立, 率先在全国运用全新的电网管控模式的混合所有制配电企业。

8.3　改革成果

前海供电是全国第一个增量配电网实行混合所有制改革的项目, 也将是中央企业与地方国资合作的一次有力探索。该公司将进一步细化、落实工作方案, 严格执行 9 号文件和售电侧改革相关配套文件要求; 合作项目要注意资产界面清晰, 建立合理的投资回报机制; 强化管理, 确保配电网安全可靠运行和电力的可靠配电。

(1) 提供更加智能、高效、可靠、绿色的电力供给。深圳供电公司经过反复论证, 并借鉴法国电力、香港中华电力、新加坡等国际先进电网企业的经验, 结合前海实际, 简化电压层级, 选择 220kV 直降 20kV 配电体系, 远景共规划 11 座 220kV 变电站 (预留 1 座 500kV 变电站)。远景前海电网配电可靠率高于

99.999%，用户平均故障停电时间小于 5min，达到国际先进水平。采用 220kV 直降 20kV 配电体系，既有技术优势，也因为可以减少变电站和线路的数量，从而为寸土寸金的前海节约了大量土地资源。据测算，与采用常规 220/110/10kV 配电体系相比，在前海采用 220/20kV 配电体系可少建 19 座变电站，这对于土地资源宝贵的前海来说意义非凡。

（2）探索现代化、国际化、专业化、市场化的公司治理。深圳，中国改革开放的试验田，30 多年来，创新的基因和血脉在这里传承。中国南方电网公司，中国电力体制改革中诞生的企业，创立之初，就带着中国电力体制改革的印记，勇于创新，不断前行。以中国南方电网公司为主，五方资本将充分发挥各自优势，共同做强做大。通过整合电网公司丰富的电网运营和管理经验，上市公司先进的现代化、国际化公司治理结构，新能源公司分布式能源应用、节能技术服务等领域的专业实力，再加上前海控股公司在推动前海配电合作项目方案与前海的市政基础设施建设无缝对接、加速落地方面的优势，将有利于各方优势互补，促进企业资本管理效益提升，着力打造定位清晰、权责对等、运转协调、制衡有效，完全市场化和国际化的法人治理结构，对现代配电企业管理发挥积极的示范作用。

8.4　经验借鉴

作为南方电网改革发展中先行先试的区域，深圳供电公司于 2013 年与前海管理局签订"深圳前海深港现代服务业合作区配电合作协议"，确定将前海列为引入国际先进电力企业管理模式的创新试点和战略合作示范区，开始了配电企业混合所有制改革的前瞻性探索，最终与四家企业达成合作协议，共同组建前海供电，成为全国率先引入社会资本投资增量配网、推进混合所有制改革的配电网项目，将对服务前海蛇口自贸区发展、落实国企改革和电力体制改革、推动配电企业转型升级起到积极作用。

8.4.1　发挥各方资本优势

前海供电具体出资比例为：深圳供电公司出资 4100 万，占比 41%；招商地产出资 3600 万，占比 36%；中广核全资子公司深圳能之汇投资有限公司出资 1000 万，占比 10%，文山电力出资 800 万，占比 8%，深圳前海开发投资控股有限公司出资 500 万，占比 5%。主要负责前海蛇口自贸区总面积约 $28 \times 10^6 m^2$ 范围内配售电及从事综合能源供应等业务。可以充分发挥五方资本优势，比如整合电网公司的电网运营管理经验、上市公司现代化国际化的治理机构、分布式能源应用、节能技术服务等，再加上前海控股在前海配电合作项目方案与前海市政基础管理设施建设无缝对接等，发挥各方资本优势，共同做大做强企业。

电力行业本身具备不少特殊属性，电网企业主动参与并和其他所有制企业合作，就是各自贡献力量，"有钱的出钱，有经验的出经验，有客户的出客户"，这才是比较健康的配电网开放模式。目前中国南方电网公司正按国家有关政策积极进行混改探索，除了将在西电东输的输电通道和具备条件的区县级配电网两个核心业务领域作为首批试点，在云广特高压直流、滇西北至广东特高压直流以及金中直流等三个输电通道项目中引进社会资本的具体方案，预计引进资本 50 亿元，并形成约 200 亿资金的新增投资能力。此外，中国南方电网公司还将进一步研究与阿里巴巴、腾讯等合作卖电，建立基于网络平台的新型售电营销模式，此前深圳供电公司已与蚂蚁金服、阿里云达成战略合作。

8.4.2 放开增量配电领域

前海供电在深圳前海区域内的配电业务属于全新的增量配电业务，与电改有关放开增量配电投资的导向高度契合。前海供电是增量配电网混合所有制改革的典范，但关键并不是混合所有制改革，而在于增量配电的开放。随着未来增量配电网投资逐渐放开，会出现很多类似的由中国南方电网公司或国家电网有限公司参股的公司，这符合发展规律，有利于未来增量配电网市场的健康有序发展。

广东作为中国经济最发达的区域，类似前海蛇口这样的地方，未来增量配电网项目还会有很多，目前在南网区域，有很多由中国南方电网公司和地方国资委共同持股的输配电网公司，或地方国资委控股的配电公司，这些将是未来增量配电网的投资主体。

8.4.3 服务地方发展需求

前海供电位于深圳前海蛇口自贸区内，立足面向港澳深深度融合，2020 年将实现国内生产总值 1500 亿元人民币，每平方千米产出是目前香港的两倍多，是目前深圳的 25 倍。前海具有高起点的战略定位，是国家推进自由贸易试验区、深港现代服务业合作区，同时也肩负着现代服务业体制机制创新区、现代服务业发展集聚区、香港与内地紧密合作的先导区、珠三角地区产业升级引领区的特殊功能，其产业结构主要为金融业、现代物流业、信息服务业等，对配电可靠性要求非常高。同时前海是全新区域，有全新的城市和电网规划，没有历史陈欠。

通过放开增量配电投资，建立由国有资本控股的混合所有制企业，将有利于促进和加快前海配电网建设发展，做大做强深圳前海蛇口电网，为前海蛇口自贸区经济发展提供强有力保障；同时，还可以为电网建设运营管理模式的创新发展以及配电服务领域的混合所有制改革积累经验，符合国家积极发展混合所有制经济的改革部署。

8.4.4　创新企业管理模式

前海供电是全国配电网领域率先成立的国有资本控股、引进社会资本的混合所有制配电企业，由合作五方共同出资，在前海蛇口区域开展电网投资、建设、运营和客户服务，从事综合能源供应等业务。组织架构方面，遵循现代企业制度，依据《中华人民共和国公司法》设立了股东会、监事会、董事会。信息披露方面，关联的上市公司会及时披露信息，受投资者和社会舆论监督，因为公司股东中有招商地产和文山电力两个上市公司，作为关联方，前海供电的任何决策和信息，肯定都是第一时间向投资者公布的，这是一个全新的配电企业运作模式，是十分透明的、信息及时披露的、受到投资者和全社会监督的公司，这也完全符合未来前海发展的需要。业务领域方面，前海供电将从配电企业向国际领先的综合能源供应服务商转型，在政策允许的情况下，拓展主营业务范围，探索合理介入分布式能源建设、综合能源供应、客户用电服务、合同能源管理以及电动汽车充电等业务。规划建设方面，采用 220kV 直降 20kV 配电体系，减少了 110kV 变电站和线路建设，节约土地资源，负荷预测采用自下而上式，规划更为精准，避免投资浪费，远景用户年平均停电时间少于 5min，配电可靠率堪比香港、新加坡，跻身国际先进城市电网行列。电价机制方面，前海蛇口的电价机制，沿用了深圳作为全国输配电价改革试点的"准许成本+合理收益"模式，这是对深圳输配电价改革试点经验的最直接应用，也再次证明了前海供电是在中国电力体制改革的最前沿诞生，带着改革的基因与血脉，在未来发展中先天性拥有无可比拟的体制与环境优势。

9 >

安徽宁国河沥园区增量配电项目
混合所有制改革

2016 年 10 月，国家发展改革委、国家能源局印发《有序放开配电网业务管理办法》，为增量配电投资业务放开奠定了基础。根据管理办法，国家发展改革委、国家能源局组织各省（自治区、直辖市）能源管理部门，提出第一批增量配电投资业务放开试点项目。11 月底，国家发展改革委、国家能源局印发《关于规范开展增量配电业务改革试点的通知》（发改经体〔2016〕2480 号），确定了第一批 105 个试点项目。试点项目的批复，标志着增量配电投资业务放开已经从顶层设计进入了实施操作阶段，对探索社会资本投资配电业务具有重要的示范意义。第一批 105 个试点项目中，国家电网有限公司经营区内 82 个，国网安徽省电力有限公司经营区内 6 个，宁国经开区河沥园区配电增量业务项目为其中之一。河沥园增量配电项目（以下简称"河沥园项目"）被国家发展改革委、国家能源局确定为首批增量配电业务改革试点单位，被评为国家电网有限公司内部示范项目，被作为国网安徽省电力有限公司试点项目的首家单位先行推进。截至 2018 年 10 月，项目公司已完成项目业主确定、合作协议签订、法人注册、开工建设、电力业务许可证（供电类）获取等工作，目前各项工作正在有序推进。

9.1 案例背景

9.1.1 宁国经开区河沥园区基本情况

宁国经济技术开发区于 2000 年 12 月经安徽省人民政府批准设立，2013 年经国务院批准成为安徽省首个县域国家级经济开发区。规划总面积 $55.2\times10^6\text{m}^2$，

现建成区面积约 $16×10^6m^2$，形成了"一区三园一拓展"的发展格局，包括南山园区、河沥园区、汪溪园区、梅林拓展区四个片区。

河沥园区位于宁国城区东侧，规划总面积 $14×10^6m^2$，已建成约 $7×10^6m^2$，正在建设的 $7×10^6m^2$ 范围正处于起步期，即为此次增量配电试点范围。按照《宁国经济开发区十三五规划纲要》，河沥园区定位为未来国家级宁国经济技术开发区工业生产的主阵地。重点围绕核心基础零部件集聚发展基地，着力打造密封元器件、高端机械基础件及装备制造业产业园、电子信息产业园等核心产业专业园区以及现代农业及食品医药产业园等特色园区建设，加快基础设施建设，同步统筹规划建设各类配套设施，逐步与中心城区融为一体。园区现有企业 190 户，负荷类型为大工业、一般工商业，主要有安徽凤形股份有限公司、安徽盛隆铸业有限公司、创远新材料有限公司、新鸿泰合成革公司、富邦机械有限公司、金瑞电子有限公司、中鼎公司、亚新科公司等。

9.1.2　试点项目基本情况

（1）试点项目地理位置。"十二五"末期，随着宁宣、宁绩、宁千高速公路相继通车，制约宁国对外发展多年的交通格局已初步打开。宁国政府加大了对河沥园区东南部，尤其是靠近宁国高速出口位置的基础设施建设及招商引资力度。该区域与开发区原建成区边界较为清晰，东至宜黄路—兴宁路，南至省道 S104，西至宜黄路—长虹路，北至东城大道，总面积约 $7×10^6m^2$，如图 9-1 所示。地形以平地及低矮的山体为主，主干路网已基本建成。政府拟通过招商引资，在该区域打造建设汽车零部件产业园、亚新科工业园等特色园区，试点项目的建设将可以满足园区内后续新增负荷的用电需求。通过项目试点，旨在通过提升服务、降低电价，营造有利的招商引资氛围，促进地方经济快速发展。

图 9-1　试点区地理位置图（粗线标示区域）

（2）项目试点前基本情况。试点区域主要由国网宣城供电公司 220kV 东津变、110kV 平兴变及 35kV 畈村变提供电源，且 3 座变电站均落点在试点区域外，现通过区域外的 8 回公用 10kV 线路引入，线路长度约 27.16km，其中为试点园区专供配电资产评估价值 255.15 万元（属国网安徽省电力有限公司资产）。试点区域内共有宁国经济技术开发区投资建设的 4 回 10kV 主干延伸线路以及各企业用电的分支线路，总长度约 30.8km，其中电缆长度约 8.36km，资产评估价值 1355.07 万元。以上线路资产均以评估价值入股。

（3）试点项目建设规划。2016～2030 年，试点区域规划新建 10kV 线路 99km，具体项目、规模、投资及投产年限见表 9－1。

表 9－1　　　　　　　　　试点区主要建设项目

工程名称	电压等级（kV）	线路长度（km）	总投资（万元）	投产时间（年）
宣城宁国市 10kV 兴盛路线路新建工程	10	8	336	2017
宣城宁国市 10kV 兴宁路线路新建工程	10	16	664	2018
宣城宁国市 10kV 宜黄路线路新建工程	10	12	504	2018
宣城宁国市 110kV 宁开三变 10kV 配套送出工程（西侧）	10	8	384	2019
宣城宁国市 110kV 宁开三变 10kV 配套送出工程（东侧）	10	8	384	2019
宣城宁国市 10kV 梅林路线路新建工程	10	12	510	2020
宣城宁国市河沥园区二期分支线路建改工程	10	35	1094	2021～2030

9.2　项目组建主要历程

9.2.1　项目规划阶段

2016 年 9 月 3 日，宁国市发展和改革委员会上报省能源局"宁国经济技术开发区河沥园区增量配电试点项目申请"。在国网安徽省电力有限公司指导下，2016 年 9 月 22 日，国网宣城供电公司主动对接宁国市人民政府，就河沥园区增量配电业务机构组建方式、股份构成、经营区域等事项开展友好协商，形成有利于公司开展下一步试点工作的会议纪要，并明确由国网安徽省电力有限公司控股。

2016 年 11 月 27 日，国家发展改革委、国家能源局正式公布全国第一批增量配电业务改革试点项目名单，河沥园区增量配电项目位于其中。2017 年 1 月

18 日，宁国市政府与宣城供电公司正式签订《河沥园区增量配电试点项目合作框架协议》，进一步明确双方合作目标，就组建项目公司相关细节形成初步共识，并明确由电网公司绝对控股。2017 年 2 月 9～10 日，安徽省能源局、国网安徽省电力有限公司、宣城市发展改革委等专家领导就宁国河沥增量配电试点项目开展现场调研，会上宁国市政府和开发区向省能源局明确表达与供电公司共同开展增量配电业务改革的意愿。

2017 年 5 月，宁国经济技术开发区河沥园区增量配电试点项目可行性研究报告通过国家电网有限公司的第一批评审批复。2017 年 6 月 14 日，宁国市发展和改革委员会组织开展宁国经开区河沥园区供电专项规划评审，7 月 5 日宁国市发展和改革委员会正式批复该规划。

9.2.2　业主确定阶段

2017 年上半年，宣城供电公司等相关方先后 5 次向省能源局汇报项目实施方案和招标方案。6 月 29 日和 9 月 12 日，试点项目第三方社会资本方（14%股权比例）和项目合作方（35%股权比例）完成公开招标。8 月 14 日，试点项目实施方案作为全省首家增量配电业务改革试点项目获得省能源局批复。9 月 23 日，宁国经开区河沥园区增量配电业务改革试点项目三方合作协议正式签订。宁国经济技术开发区建设投资有限公司、国网安徽省电力有限公司、宁国市永祥电力工程技术有限公司，组建项目公司作为项目业主。股份配置比例为 35:51:14。

9.2.3　公司成立阶段

2017 年 10 月 24 日，国家电网有限公司批复成立宁国经济技术开发区河沥园区增量配电项目混合所有制公司，明确安徽众益售电有限公司（以下简称"众益公司"）纳入县级供电企业序列；11 月 2 日，国网安徽省电力公司下发关于成立宁国经济技术开发区河沥园区增量配电项目混合所有制公司的通知，明确安徽众益售电有限公司为国网安徽省电力有限公司控股子公司，由国网宣城供电公司直接管理。12 月 15 日，全省首家混合所有制售电有限公司正式在宁国注册成立。12 月 21 日，安徽众益售电有限公司举行揭牌仪式，标志着河沥项目增量配电公司组建工作顺利完成。

9.2.4　项目许可阶段

2018 年 6 月 8 日，华东能监局印发《关于准予安徽众益售电有限公司电力业务许可的决定》，颁发安徽省第一张增量配电电力业务许可证（编号：3441818-00001），并于 6 月 26 日举行颁证仪式。7 月 11 日，在完成售电准入资质公示和相关协议签订基础上，众益公司与皖能售电开发公司达成战略合作，充分发挥股东方和社会资源优势不断开拓售电业务。截至 2018 年 10 月，公司签订电力直接交易户数 24 家、合同电量 1.2 亿 kWh，预计全年代理用户电量超 2 亿 kWh、代理用户数 40 家。

9.2.5 项目建设阶段

2018 年，众益公司主要固定资产投资为建设一座 110kV 变电站和相应配套 35kV、10kV 线路。截至 2018 年 10 月，已完成 110kV 兴盛变施工、物资、监理招标工作，并由众益公司与国网宣城供电公司签订 "110kV 兴盛变工程建设管理委托协议"，全权委托国网宣城供电公司负责工程项目的策划及建设实施阶段对第三方的建设管理，众益公司进行工程协助管理，施工单位（安徽送变电工程有限公司）已进场开展土建施工，工程计划 2019 年 4 月具备投运条件。根据众益公司董事会讨论确定的配套工程年度建设方案，110kV 兴盛变 35kV、10kV 配套线路工程 9 月中旬完成招标，国网宁国市供电公司集体企业中标，目前配套线路工程已开工建设，建设工期与变电站同步。众益公司同时开展 2019 年电网投资计划梳理工作，为公司下年电网建设决策提供依据。

9.3 项目公司治理

9.3.1 股权结构

众益公司注册资本 6000 万元，国网安徽省电力有限公司（央企）以现金及配电资产出资 3060 万元，持股 51%；宁国经济技术开发区建设投资有限公司（国企）以现金及配电资产出资 2100 万元，持股 35%；宁国市永祥电力工程技术有限公司（民企）以现金方式出资 840 万元，持股 14%。众益公司股权结构图如图 9-2 所示。

国网安徽省电力有限公司是国家电网有限公司全资子公司，承担着优化全省能源资源配置、满足经济社会发展电力需求供应的重要职责。主要从事电网建设、生产、经营、科研、设计和培训等业务，下设 16 个市级供电公司、72 个县级供电公司和 12 家直属单位，管理各类员工 7 万多人，服务电力客户 2660 多万户。

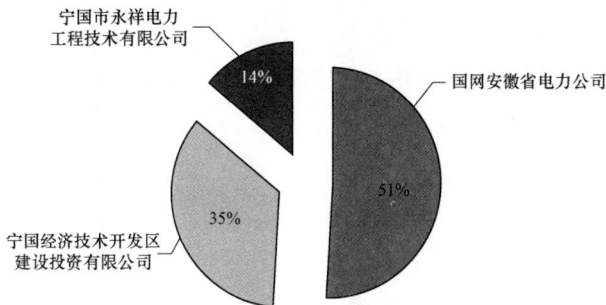

图9-2 众益公司股权结构图

宁国经济技术开发区建设投资有限公司是宁国经济技术开发区管委会出资设立的国有独资企业,于2003年5月在宣城工商局注册成立,注册资本为35 000万元,主要经营宁国经济技术开发区内的土地开发及道路交通、园林绿化、房地产开发、安置房及标准化厂房基础设施建设、建材销售。

宁国市永祥电力工程技术有限公司成立于2009年,具有承装(修、试)电力设施承装(修)类四级资质、承试类五级资质,送变电工程专业承包三级资质。可承担35kV及以下线路和配电设备的安装、维修、改造、实验工程的施工。公司成立以来一直从事供电公司的农网配网工程、技改工程以及各类企业的配电工程,已完成农网工程并交付使用的施工工程600多项,用户工程460多项,具备丰富的电力工程施工、维护的经验。

综上,众益公司由国网安徽省电力有限公司与社会资本通过股权合作方式成立产权多元化公司,国网安徽省电力有限公司绝对控股。众益公司独立经营,自负盈亏,承担国有资产保值增值责任,并对全体股东负责。

9.3.2 治理结构

按照"三方项目合作协议"和《中华人民共和国公司法》、公司章程,公司规范设立"三会一层"。

(1)股东会。股东会是公司最高权力机构,决定公司最重大的事宜,负责融资、转股、委派董事以及修改公司章程等,按各自股权比例进行表决。股东会设3名股东代表,股东方各派1名股东代表。

(2)董事会。董事会对股东会负责,决定公司日常重大事宜,负责执行股东会的决议及决定公司内部管理机构的设置、公司经理人选和薪酬、重大技术问题等,按董事席位数进行表决。董事会设5名董事,按照股权比例分配,国网安徽省电力有限公司、宁国经济技术开发区建设投资有限公司、宁国市永祥电力工程技术有限公司董事代表人数分别为 3、1、1 人。董事会设董事长一人（为企业法人代表），董事长由国网宣城供电公司选派，董事长及董事由股东会选举产生，每届董事任期三年。

（3）监事会。监事会对股东会负责，对公司财务以及公司董事、高级管理人员履行职责的合法性进行监督，维护公司及股东的合法权益。监事会设 3 名监事，由国网安徽省电力有限公司、宁国经济技术开发区建设投资有限公司分别选派 2、1 人，其中职工代表监事 1 人，职工监事通过职工代表大会或者其他形式民主选举产生，每届监事任期三年。

（4）经营层。经营层对董事会负责，总经理依照《中华人民共和国公司法》、公司章程以及董事会授权，行使职权，并对公司业务及日常运营负责，管理公司日常事务。经营层设总经理 1 人、副总经理 2 人，财务总监 1 人，由董事会决定聘任或解聘。宣城供电公司推荐总经理 1 名、副总经理 1 名，宁国开发区建设投资有限公司推荐财务总监 1 名，宁国市永祥电力工程技术有限公司推荐副总经理 1 名。2017 年 12 月 25 日，安徽众益售电公司召开了第一届一次董事会，根据各股东方推荐人选，选举产生公司经理班子。

（5）党组织。作为国有控股企业，根据党章《中华人民共和国公司法》及公司章程，众益公司还设置了基层党组织。众益公司按照党章要求报请宁国市市直机关工委批准设立党支部，5 月 10 日宁国市市直机关工委批复同意成立中共安徽众益售电有限公司支部。国网宣城供电公司推荐众益公司董事长为该支部书记，由宁国市市直机关工委 6 月 5 日批复同意。现已完成 6 名支部党员党组织关系转入工作，并已按党建标准化要求对重大决策履行党组织议事决策前置程序。

9.3.3 运营机制

现代企业制度建设方面，众益公司遵循《中华人民共和国公司法》规范设置众益公司"三会一层"；发挥大股东优势合理制定议事规则；市公司决策作为众益公司"三重一大"事项上会讨论前的前置条件；非重大事项由众益公司自行决策。

国网宣城供电公司采用"县公司"管理模式，即由一位分管领导具体负责，由一个牵头部门总协调，多个专业部门分工协作、专业指导，既便于协调组织，又利于分专业同步推进；采用事前报备、事中指导、事后检查开展众益公司运营监管，国网宣城供电公司要求涉及众益公司的重大事项事前需先经市公司审核同意后，再由众益公司决策；事中采取由国网宣城供电公司各专业部门履行专业一体化管理并督促指导；事后为规范众益公司日常管理，降低经营风险，计划采用内部不定期检查与外部第三方审计相结合模式，确保众益公司依法合规开展运营。

9.3.4　内设机构

公司设综合管理部、财务资产部、配电业务部、售电业务部等四个内设部门，如图 9-3 所示。

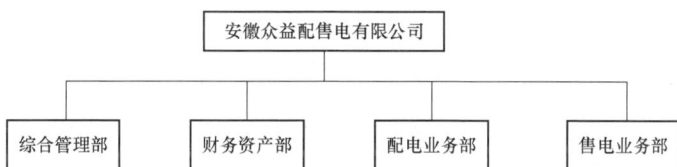

图 9-3　众益公司内设机构图

各部门主要职责如下：

（1）综合管理部主要职责：负责公司的内外业务联系、市场开拓工作；负责协助领导协调和推进日常工作并督促落实；负责人力资源管理；负责公共关系和对外联络、新闻宣传管理工作；负责本单位行政、后勤等综合事务等。

（2）财务资产部主要职责：负责建立各项财务管理规章制度；负责会计核算、财务决算；负责收入及成本管理；负责资产及产权管理；负责银行账户、资金及现金流量管理；负责税务管理；负责工程项目的资金计划、资金支付，办理工程竣工财务预决算、编制决算报告和办理转资工作。

（3）配电业务部主要职责：负责经营范围内的配电网项目前期各项手续的办理、施工管理，以及对配电网线路、配电站日常调度监控、运行操作、检修维护、事故抢修、安全监督与管理等外委工作实施监督管理。

（4）售电业务部主要职责：负责电力市场购售电业务，参照国家颁布的售电合同范本与用户签订合同，提供优质专业的售电服务。

9.3.5　人员管理

（1）人员配置。众益公司"三会一层"及党组织人员依据公司章程等规定，履行相应程序依法配置。决策层、经营层及党组织的人员配置及所属股东见表 9-2。

表 9-2　　　　混合所有制供电企业决策层、经营层、党组织配置表

层级	机构	岗位或职务	数量（人）
决策层	股东会	国网安徽省电力有限公司方代表	1
		宁国经济开发区建设投资有限公司代表	1
		社会资本方代表	1
	董事会	国网安徽省电力有限公司方董事	3
		宁国经济开发区建设投资有限公司董事	1
		宁国市永祥电力工程技术有限公司董事	1
	监事会	国网安徽省电力有限公司方监事	1
		宁国经济开发区建设投资有限公司监事	1
		社会资本方监事	1
经营层	企业负责人	总经理	1
		副总经理	1
		副总经理	1
		财务总监	1
党组织	党支部	支部书记	1
		委员	若干

内设机构负责人和一般员工：根据《关于宁国经开区河沥园区增量配电试点项目近期工作建议和要求》及参照 Q/GDW 11424.1—2015《国家电网有限公司供电企业内控劳动定员标准》，进行用工需求预测，测算公司经营管理及运维人员共需 30 人，其中经营管理人员 20 人（公司经营层 4 人，综合管理部 3 人、财务资产部 3 人、配电业务部 5 人、售电业务部 5 人），配电运维与营销服务技能人员 10 人（众益公司机构人员组建规定除一般售电公司需具备的拥有 10 名及以上专业人员外，还需增加与从事配电业务相适应的专业技术人员、营销人员、财务人员等，不少于 20 人）。

过渡期按部分业务委托模式进行运作，配置经营层、7~8 名专业技术人员（主要负责电力交易、财务核算以及生产、营销技术等）和部分业务人员，经营层和专业技术人员主要由投资三方协商选派，其余专业技术人员及业务人员采用社会化招聘方式进行补充（面向社会招聘 12~15 人）。业务委托范围主要包括 110kV 变电站及其配套出线的建设；110kV 线路及变电站的运维与检修（不包括运行）；配网运行与维护。

远期，根据工作需要，经决策层同意，少量关键岗位继续采取由三方协商选

派人员外，其余岗位人员全部采用社会化招聘方式进行配置，与混合所有制供电公司签订劳动合同。

具体机构及人员配置情况详见表9-3。

表9-3　　　　　混合所有制供电企业管理层、技能人员配置表

层级	机构	岗位	过渡期		远期	
			数量（人）	配置说明	数量（人）	配置说明
管理层	综合管理部	主任	1~2	部分由投资三方协商选派部分人员，其余通过社会化招聘方式进行补充	3	部分由投资三方协商选派部分人员，其余通过社会化招聘方式进行补充
		行政综合管理				
		人资管理				
	财务资产部	主任	2		4	
		资金结算及集中支付管理				
		工程财务与资产产权管理				
		销售电价及售电收入管理				
	配电业务部	主任	2		5	
		安全监督管理				
		配调管理				
		运检技术				
		工程技经管理				
	售电业务部	主任	2		5	
		电力交易管理（采购、售电）				
		营销业务管理				
		电价电费管理				
		用电检查管理				
技能人员		配电运维与营销服务技能人员	8~10	面向社会公开招聘	10	采用社会化招聘方式补充人员
合计			15~18		27	

（2）薪酬福利。过渡期，管理人员薪酬福利待遇参照县公司同层级人员确定（或执行选派前岗位薪酬待遇），薪酬暂由原选派单位支付，混合所有制供电企业参照当地劳动力市场价格与原选派单位结算。

公司实体化运作后，相关人工成本费用由成立后的公司承担，公司运营后的薪酬分配制度和标准，可由公司经营层依据业务开展和人工成本预算情况，按照略高于当地市场劳动力价格灵活确定，经营人员可实行年薪制（建议与供电

公司同层级人员薪酬水平相当），一般管理和技能人员参照当地市场化工资水平，略高于当地农电员工工资水平，采取灵活的激励政策，鼓励员工积极创造效益，提高效率，同时有效控制人工成本支出。

在正式运营后，若因非人为经营因素出现的人工成本过高等情况，可在一定时间内采取过渡措施：选派人员继续由原选派单位按照选派前岗位层级发放薪酬、缴纳各类保险，混合所有制供电企业参照当地劳动力市场价格和内部薪酬体系与原选派单位进行人工成本结算。

（3）绩效考核。混合所有制供电企业绩效考核应按照市场化的原则确定企业发展目标和经营层、内设机构负责人以及一般员工考核指标方式。

9.4 业务实践模式

9.4.1 经营范围

（1）投资运营增量配电业务。投资、规划、设计、建设、经营和管理宁国经济技术开发区河沥园区增量配电业务试点区 $7 \times 10^6 \mathrm{m}^2$ 范围内 10kV 及以下相关配电业务（供电营业区以国家核发的供电营业许可证所列范围为准）。安装、调试、修理、检测及试验电力设备、电力物资器材；从事与电网经营和电力供应有关的科学研究、技术监督、技术开发、电力生产调度信息通信、咨询服务、电力教育和业务培训；从事综合能源供应、用户节能及光纤通信等业务。

（2）购售电业务。安徽众益配售电有限公司在履行售电公司准入程序后，可开展售电业务。在增量配电业务试点区及省内多个配电区域内从事电力购销业务及相关服务，通过交易平台竞价购电，向放开选择权的电力客户售电，自主定价，根据用户个性化需求提供多样化用电服务。

（3）能源增值服务。在增量配电业务试点区及省内多个配电区域内为用户提供优化用电策略、合同能源管理及其他定制服务，节能指导和代理分布式电源并网等增值服务。

9.4.2 收益来源

（1）配电区域内新建增量配电网运营收益。众益公司在区域内投资新建增量的配电网，建设完成后可将其委托给电网企业，按照固定收益投资方式获得投资收益；或者将其公平开放的租用给其他售电公司，按照配网的配电等级收取相应的配电价格，获得该配电网的运营收益权。

（2）配电区域外承接配网运营的管理收益。此在配电区域外对于已建成的配电网，众益公司承接已建成配网路线的运营维护业务，并收取相应的管理费用。此处配电业务和竞争性的售电业务相互独立，将分开结算。

（3）合同能源管理、电力设备维护的增值服收益。众益公司将利用能源互联网，针对用电企业的企业性质、经营状况、用电情况等方面进行分析，为企业提供节能分析、节能材料选购、人员培训、施工、节能监测等项目全过程服务，最后按投资比例共享企业项目实施后所产生的经济效益。

（4）预付费结算增加公司现金流。众益公司采用网络化复费率预付费载波数传电能表及其售电系统，实施预付费结算方式，并通过"低价+预付费"模式刺激用户成功完成预付费，增加公司的现金流，也可进一步延伸拓展金融衍生及其他投资业务，强化公司的现金流管理。

9.4.3 商业模式

根据《关于推进售电侧改革的实施意见》，售电公司分三类，第一类是电网企业的售电公司；第二类是社会资本投资增量配电网，拥有配电网运营权的售电公司；第三类是独立的售电公司，不拥有配电网运营权，不承担保底配电服务。按照售电业务是否与配电业务独立，结合售电公司的类型划分，基于电网企业视角，将混合所有制配电公司的商业模式分为配售一体模式和配售分离模式。配售一体模式，即电网企业同时经营增量配电业务和售电业务；配售分离模式，即电网企业只经营增量配电网的配电业务或售电业务。在配售电同时放开背景下，为获取用户资源，采取配售一体的商业模式符合电网企业利益最大化的目标。众益公司作为拥有配电网运营权的售电公司，采取配售一体化的商业模式，在开展售电业务时具有先天优势，掌握的用户电力需求数据能更好地帮助其提高负荷预测精度，降低售电风险。同时配售一体化的售电公司对配电网供电能力和网架结构了解清楚，能结合不同的运行方式制定合理的电力交易策略。

9.4.4 运营模式

鉴于园区电网规模现状和发展，采取配电业务组织模式分期设置。组建初期采取部分业务委托运营模式，包括试点区域内 110kV 变电站及其配套出线的建设；110kV 线路及变电站的维护与检修（不包括运行）；配网运行与维护。待园区电网建设规模扩大且具备实体运作模式后，经各方投资主体共同商议，转入实体运作模式。并根据专用变压器客户数量、配电线路长度、售电量等设备数据，测算人员编制数，设置实体化组织机构。售电业务由众益公司独立承担。

9.5　存在困难

9.5.1　配电价格核定成焦点

电价改革是新一轮电力体制改革的核心。政府意图通过增量配电放开打破配电网主要由电网公司运营的格局，引入更多社会资本，逐步了解配电成本和价格，从而为降低电价、促进电价市场化改革起到助推作用。《9 号文件》提出，输配电价逐步过渡到按"准许成本加合理收益"原则。其中，准许成本=基期准许成本+监管周期新增（减少）准许成本，合理收益=可计提收益的有效资产×准许收益率。配电价格直接关系增量配电项目配电收益水平，如果基于目前的存量配电价格计算，90%以上的增量配电项目都会亏损，如果核定的增量配电价格核定过低，将导致项目的收益持续低于投资预期，或远低于社会各行业平均收益水平，社会资本存在半途退出的风险。在上述情况下，社会资本可能将增量配电项目公司股权转让、无偿移交政府或电网企业，由电网企业承担保底供电义务，最终导致增量配电混合所有制改革失败。

河沥园项目公司主要有两大业务：配电业务和售电业务。其中，配电业务是公司的主要业务范围，配电收入是公司的主要收入来源。因配电网尚未投入运营，项目公司目前还没有配电收入。有限的注册资本只能优先保障项目建设，项目的投资收益也是未知数。待政府对增量配电价格核定后，项目公司的现金流量、投资收益才可以有效预测。目前，河沥园项目公司各投资方共同关注的最大焦点就是增量配电价格，普遍对政府能源部门及价格部门持密切关注态度。

9.5.2　配电运营模式待确定

根据《有序放开配电网业务管理办法》，可以将混合所有制增量配电公司的运营模式分为两种：自主运营和委托运营。自主运营，即拥有配电网运营权的项目业主依法取得电力业务许可证（供电类），并自主开展配电业务；委托运营，即符合准入条件的项目业主，可以只拥有投资收益权，配电网运营权可委托电网企业或符合条件的售电公司，自主签订委托协议。

河沥园项目公司拥有配电网运营权，可以选择自主经营或委托运营的方式开展增量配电业务。预计电网建设完成后将转入日常运营阶段，涉及电网的调控、运行维护等专业性业务的运营模式尚未确定。如果选择自主运营，项目公司的人员配备、技术条件、管理能力还不具备条件，如果选择外委模式，委托方的选择、委托费用的核算、委托责任的界定都未确定。

9.5.3　售电市场开拓难度大

售电市场放开是新一轮电力体制改革的重要方向。根据《售电公司准入与退出管理办法售电办法》，售电公司可以自主选择交易机构跨省跨区购电，与同一配电区域内可以有多个售电公司，同一售电公司可在省内多个配电区域内售电，售电公司可突破省区壁垒以最优的形式拿到更便宜的电，同时可以在省内跨区域售电，打破了区域售电垄断。电网企业独买独卖的格局被打破，市场竞争机制将逐步确立。电网企业只能与其他市场主体竞争供应电力产品和服务，只有更低的电价和更优质的服务才能赢得市场的认可和客户的购买。

售电业务是河沥园项目公司的两大业务之一。2018 年 7 月，项目公司完成售电准入资质公示和相关协议签订后，在与皖能售电开发公司达成战略合作协议的基础上，充分发挥股东方和社会资源优势，不断开拓售电业务，截至 10 月末，签订电力直接交易户数 24 家、合同电量 1.2 亿 kWh，预计全年代理用户电量超 2 亿 kWh、代下用户数 40 家。但是，据项目公司反映，项目公司认可度还不高，价格及服务优势不明显，对外市场拓展难度较大，按照目前客户数量和售电电量计算，规模效应没有体现，整体利润水平较低。

9.5.4　电网管理模式受争议

根据河沥园项目公司章程，公司设董事会，决定公司日常重大事宜，负责执行股东会的决议及决定公司内部管理机构的设置、公司经理人选和薪酬、重大技术问题等。董事会设 5 名董事，按照股权比例分配名额为 3:1:1（供电公司方：开发区方：第三方社会资本方），根据董事席位数表决。董事长由国网安徽省电力有限公司委派，为企业法人代表。在绝对控股的股权模式及董事会成员占有绝对优势的决策模式下，公司重大事项经国网宣城供电公司主管部门审核后才可提交董事会讨论通过，董事会成员中合作方的意见只能处于从属地位，很难改变电网方及上级公司的决策。董事会对重大事项的决策作用难以充分发挥，一定程度会降低混合所有制企业运营效率和活力。

因电网作为央企，投资受国资委负面清单限制，对下属公司采取操作型的管理模式。涉及增量配电项目，国家电网有限公司决策程序多、时间长，增量配电业务对当前管理模式影响体现在电网建设、物资采购、资金管理等方面。电网建设方面，原计划 2018 年 10 月完成项目建设，合作方将工程滞后的原因归结于层层审批；物资采购方面，由国家电网有限公司总部实施的物资采购，及时性方面难以满足实际需求，对配电网运营效率存在一定影响，引起合作方不满；资金管理方面，国网安徽省电力有限公司实行集中管理，项目公司权限较少，不利于项目公司的资金高效使用及融资。合作方已提出由董事会自行决策实施，不能按照供电公司业务程序办理。国家电网有限公司作为央企，严格落实政府的各项管理要求，是当然之举。实际改革中，则需要创新管理模式，有效平衡内部管理与各方要求。

9.5.5 人力资源管理是难点

因项目公司的混合所有制属性，有别于电网的全资子/分公司，对人力资源管理提出了挑战。目前，项目公司人力资源管理问题主要有：人员招聘方面，专业技术人员及一般管理人员岗位普遍空缺，妥善处理项目公司与现有电网企业人力资源之间关系，成为现实矛盾；劳动关系方面，中高层管理人员由国网宣城供电公司所属县公司及合作方委派，委派人员普遍对人事关系持观望态势；薪酬体系方面，各投资方委派人员的人工成本由派出单位支付，对于社会招聘薪酬标准无据可依；绩效考核方面，考核方案待明确，项目公司对上级公司一刀切要求不得亏损持异议态度。电网公司传统身份管理和市场化的契约管理在项目公司用人方面的矛盾，特别棘手。这既有薪酬计划管理的约束，也与用工入口计划的报批有一定关系。

9.6 管理建议

9.6.1 推动增量配电价格核定

组织研究增量配电网与省级电网、售电公司等各方主体的结算电价和结算方式，提出完善电力市场交易规则的建议。落实增量配电"双价格上限"原则，积极推动省能源局和物价局研究增量配电价格形式和核定标准，力争河沥园项目投入运营之前核定增量配电价格。

9.6.2　分步选择项目运营模式

指导河沥园项目公司综合考虑运营成本、运作效率和外部单位承接能力等因素，自主选择主体运作或委托运营方式。鉴于园区电网规模现状和发展，采取业务组织模式分期设置。组建初期采取业务委托运营模式，将电网调控、运行维护部分或全部委托给电网公司或其他具备条件的公司。待园区电网建设规模扩大且具备实体运作模式后，经各方投资主体共同商议，转入实体运作模式，并根据专用变压器客户数量、配电线路长度、售电量等设备数据，测算人员编制数，设置实体化组织机构。

9.6.3　积极拓展售电市场业务

在配售电同时放开背景下，为获取用户资源，采取配售一体的商业模式符合电网企业利益最大化的目标。在运营增量配电网基础上，鼓励河沥园项目公司利用自身优势探索开展售电、综合能源服务等市场化业务，提高经营效益，拓展发展空间。

9.6.4　建立市场化的管理模式

建议按照市场化运作的思路，适应政府监管的需要，兼顾其他股东的合理诉求，对于控股的增量配电项目公司，实施简政放权，按照内部管理适应外部需求的原则，扩大项目公司经营管理的自主权。在满足国网统一技术标准的前提下，由项目公司自主开展一级采购目录范围外相关物资采购公司，开展可研初设一体化设计，满足企业用电需求。

9.6.5　完善人力资源管理体系

按照国家电网有限公司现行管理模式，用工入口、薪酬福利实行计划管理，决策链条长，管理规范要求高，与混合所有制公司不同发展阶段灵活性需求存在差异。针对混合所有制公司人力资源管理，建议国家电网有限公司充分放权、授权，由各省、市公司决策经办专业事务，提高运营灵活性和作业效率。同时，出台混合所有制公司社会化用工、薪酬管理、经营业绩考核等指导意见，为省、市公司落实混合所有制公司人力资源管理方案提供依据。

9.7 结语

增量配电项目混合所有制改革是新一轮电力体制改革的重点和难点。国家旨在以增量配电业务为突破口，推动电网企业混合所有制改革，进而释放电价红利。自第一批增量配电试点项目公布以来，经过两年多的试点，部分试点项目率先推进，为其他试点项目提供了示范。本文以河沥园项目为案例研究对象，对项目公司的治理现状进行了梳理，并分析了项目公司治理存在的主要问题，提出了管理建议，旨在为进一步助推河沥园项目改革与发展提供管理参考，并为其他增量配电试点项目提供管理借鉴。

该研究存在一些不足：① 限于河沥园项目正在建设、尚未投入运营等客观条件的限制，本文研究的深度、广度还有待加强；② 混合所有制增量配电公司的股权结构包括电网企业绝对控股、相对控股、参股、不参股等多种模式，河沥园项目采取的电网企业绝对控股模式仅是股权结构的一种模式，期待学者今后拓展增量配电业务改革试点项目研究，形成更多的混合所有制增量配电公司治理的研究案例，为其他试点项目投资、建设、运营提供更加丰富、切实可行的参考借鉴。

参 考 文 献

[1] 张文魁. 混合所有制与现代企业制度——政策分析及中外实例 [M]. 北京：人民出版社，2017.

[2] 张文魁. 合所有制的公司治理与公司业绩 [M]. 北京：清华大学出版社，2015.

[3] 国家发展改革委体改司. 国企混合所有制体制面对面：发展混合所有制经济政策解读 [M]. 北京：人民出版社，2015.

[4] 张彤玉，等. 混合所有制理论、实践与政策 [M]. 北京：经济科学出版社，2016.

[5] 刘放，等. 基于宏观经济波动的混合所有制企业投资效率研究 [M]. 武汉：武汉大学出版社，2017.

[6] 厉以宁. 中国道路丛书：中国道路与混合所有制经济 [M]. 北京：商务印书馆，2014.

[7] 张昕竹，等. 中国电网管理体制改革研究 [M]. 南昌：江西人民出版社，2010.

[8] 张利. 电力市场概论 [M]. 北京：机械工业出版社，2016.

[9] 刘秋华. 电力企业管理 [M]. 北京：中国电力出版社，2009.

[10] 李金超. 现代电网企业运营管理理论与方法研究 [M]. 北京：知识产权出版社，2013.

[11] 牟宝喜. 电力企业风险与风险管理 [M]. 北京：中国石化出版社，2012.

[12] 刘世锦，等. 中国电力体制改革和可持续发展 [M]. 北京：经济管理出版社，2003.

[13] 范明天. 中国配电网发展战略相关问题研究 [M]. 北京：中国电力出版社，2008：25 - 47.

[14] 陈青松，梁冠亮，齐峰. PPP 模式 [M]. 北京：企业管理出版社，2016.

[15] Brown C B. Info - Gap Decision Theory. Decisions Under Severe Uncertainty [M]. second ed. Academic Press，2006.

[16] Zare K，Conejo A J，CARRIion Theory. Decisions Under Severe Uncertainty [M]. second ed. Academic Press，2006.（4）：477 - 478. Journal of Risk，2002，4：11 - 27，153（4）：407 - 413，1231 - 1240.

[17] 凯文·基西，史蒂夫·汤普森，迈克·莱特. 公司治理——委托责任、企业和国际比较 [M]. 人民邮电出版社，2013.

[18] 杨红英，童露. 论混合所有制改革下的国有企业公司治理 [J]. 宏观经济研究，2015，（1）：42 - 50.

[19] 孙飞. 20 世纪 90 年代国有企业脱困改革举措与启示（3）[N]. 行政管理改革 2016，（5）：38 - 42.

[20] 朱成章. 电力的垄断与竞争 [J]. 大众用电, 2017 (2): 3-5.

[21] 朱瑜. 混合所有制是社会主义市场经济条件下国有企业改革的最佳选择. [J] 经济管理,
     2017: 35-36.

[22] 王君安, 高红贵, 等. 能源互联网与中国电力企业商业模式创新 [J]. 科技管理研究,
     2017 (8): 27-29.

[23] 黄安子. 基于互联网+模式的电网企业沟通协作研究与应用 [J] 科技论坛, 2017, (04):
     116-118.

[24] 郑志来. 共享经济的成因、内涵与商业模式研究 [J]. 现代经济探讨, 2016, (3): 32-33.

[25] 韩晓洁. 国有企业混合所有制改革及其绩效研究 [D]. 深圳: 深圳大学, 2017.

[26] 阿布都合力·阿布拉. 我国国有企业混合所有制改革研究综述 [J]. 经济研究导刊,
     2017, (14): 12+24. [2017-08-27].

[27] 李念, 李春玲, 李瑞萌. 国有企业混合所有制改革研究综述 [J]. 财会通讯, 2016, (27):
     98-104+129. [2017-08-27].

[28] 康佳宁, 何陈棋, 唐葆君, 王晋伟. 部分发展中国家电力产业改革和市场机制[J/OL]. 北
     京理工大学学报 (社会科学版), 2016, 18(04): 36-41. (2016-06-21) [2017-08-27].

[29] 吴煌武, 翁李娜. 国有企业混合所有制改革的研究综述 [J]. 经营管理者, 2016, (12):
     203. [2017-08-27].

[30] 吴剑鸣, 何高林. 国网安徽电力: 创新干部选用机制 [J]. 当代电力文化, 2013, (06):
     36-37. [2017-08-27].

[31] 周美兰. 中石化改制分流企业股权管理策略 [J]. 经营管理者, 2016, (35):
     138. [2017-08-24].

[32] 韩云. 中国石油行业国有企业混合所有制深化改革研究 [D]. 吉林: 吉林大学, 2016.

[33] 张继德, 吴冰瑶. 混合所有制改革如何规避国有资产流失——以中国石化混合所有制体
     制为例 [J]. 会计之友, 2015, (19): 129-132. [2017-08-24].

[34] 王储, 王峰娟. 国企混合所有制改革中的资产定价问题——以中石化销售公司混合所有
     制改革为例 [J]. 财务与会计, 2015, (06): 23-25. [2017-08-24].

[35] 欧阳志成. 中石化混合所有制改革运作模式及其借鉴意义[J]. 中外企业家, 2014, (33):
     270-271. [2017-08-24].

[36] 韩淳, 李颖. 电网项目经济效益评价机制在投资决策中的应用与思考 [J]. 企业管理,
     2016, (S2): 156-158.

[37] 陈滢. SWOT 分析法及其在企业战略管理中的应用 [J]. 企业改革与管理, 2016, (21):

18-19.

[38] 田雨. 电网建设项目风险评价及防控对策研究 [D]. 北京：华北电力大学，2013.

[39] 栾昊. 电网企业混合所有制改革初探 [J]. 能源，2016，（03）：96-98.

[40] 栾昊. PPP 模式在电力领域的应用展望 [J]. 能源，2017，（05）：77-79.

[41] 杨建东. 云南盐业整合研究 [D]. 澳门：澳门科技大学，2012.

[42] 王志轩. 大趋势——新的发展理念及目标下的电力发展大变化与大趋势——"十三五"
     电力改革与发展现状及展望 [J]. 中国电力企业管理，2016（01）.

[43] 金金，等. 金互联网+联在电力领域中的应用探索 [J]. 无线互联科技，2015（16）.

[44] 国研网. 电网企业如何拥抱共享经济大潮 [N]. 2017-09-19.

[45] 张伟. 国内配网自动化的现状及发展 [J]. 机电信息，2010（36）：18-19.

[46] 孔涛，程浩忠，李钢，等. 配电网规划研究综述 [J]. 电网技术，2009，33（19）：92-99. KONG
     Tao.

[47] 康丽，廖庆龙. 计及可靠性的配电网全寿命周期成本模型及应用 [J]. 水电能源科学，
     2012，30（6）：183-186.

[48] 王宝健. 城市配电网规划与实践 [J]. 电子测试，2016（8）：114，136.

[49] 王建崇. 电网企业投资效益评价研究与应用 [D]. 北京：华北电力大学，2010. WANG.

[50] 苏海锋，张建华，梁志瑞，等. 基于 LCC 和改进粒子群算法的配电网多阶段网架规划
     优化 [J]. 中国电机工程学报，2013，33（4）：118-125.

[51] PAUL R，HARVEY P R，LANSDOWNE Z F. Risk matrix: an approach for indentifying,
     assessing, and ranking program risks [J]. Air Journal of Logistic. 1998（25）：16-19.

[52] 阮欣，尹志逸，陈艾荣. 风险矩阵评估方法研究与工程应用综述 [J]. 同济大学学报：
     自然科学版. 2013，（3）：381-385.

[53] 白永忠，蒋军成. HAZOP 与风险矩阵组合技术应用研究 [J]. 中国安全生产科学技术，
     2012，（8）：121-126.

[54] 朱启超，匡兴华，沈永平. 风险矩阵方法与应用述评 [J]. 中国工程科学，2003，（1）：
     89-94.

[55] 高昕欣，叶惠，康永博. 基于风险矩阵的企业技术创新风险管理研究 [J]. 科技管理研
     究，2014，（16）：8-11.

[56] 张弢，慕德俊，任帅，等. 一种基于风险矩阵法的信息安全风险评估模型 [J]. 计算机
     工程与应用，2010，（5）：93-95.

[57] 杨仕刚，王三明. 定量风险矩阵在 HAZOP 分析中的应用研究 [J]. 煤炭技术，2013，

（1）：242－244.

［58］邹炅，章显亮，黄善平，陈欣，张宇星.基于风险评估矩阵的风电项目风险管理研究［J］.中国电力，2012，45（09）：56－59+75.

［59］郑卫东，喻小宝，谭忠富，等.改进的风险矩阵法在电力系统结构与电力设备设施综合风险评价中的应用［J］.水电能源科学，2014，（10）：189－193.

［60］汤吉军，安然.发展混合所有制经济的风险防范与治理［J］.江汉论坛，2016，（5）：18－22.

［61］张军.国企混合所有制改革中投资者选择的风险控制［J］.财务与会计，2017，（13）：65－66.

［62］任曦骏，王绪利，赵锋.增量配电业务投资风险分析及风险评估模型［J］.安徽电力，2018，（1）：58－62.

［63］赵莹.试论新电力体制改革的未来发展趋势［J］.财经界：学术版，2016（15）：120.

［64］李坤.新电力体制改革下以客户为中心理念的流程再造［J］.华东科技：学术版，2016（10）：231.

［65］刘秋华，韩愈.电力市场运营模式与市场结构研究［J］.商业研究，2006（13）：122－124.

［66］江晓蓓.2015年电力大事记［J］.广西电业，2016（1）：92－93.

［67］王志刚.配电网的安全运行［J］.科技风，2013（8）：267.

［68］于娟.关于输配电价格改革的建议［J］.宏观经济管理，2011（1）：50－51.

［69］王成文，王绵斌，谭忠富.适合我国输配电价的激励管制模型［J］.中国电力，2008，41（2）：12－15.

［70］柳璐，程浩忠，马则良，等.考虑全寿命周期成本的输电网多目标规划［J］.中国电机工程学报，2012，32（22）：46－54.

［71］张金隆，丁世龙.输配电价核定方法研究［J］.中国物价，2006（8）：18－23.

［72］王剑辉，王立华.关于输配电价几个重要问题的探讨［J］.电力技术经济，2005，17（5）：11－15.

［73］祝锦舟，张焰，梁文举，等.面向规划的电网全寿命周期安全效能成本评估方法［J］.中国电机工程学报，2017，37（23）：6768－6779，7068.

［74］朱婷涵，叶玲节，杨云露.配电网建设改造的融资模式分析［J］.科技经济导刊，2017（4）：11－12.

［75］倪旻.打开增量配电引资之门［J］.国家电网，2016（11）：68－71.

［76］罗智，宋炜.PPP模式在增量配电网领域将大有可为［J］.中国投资，2017（3）：82－85.

［77］付志奎.PPP模式成为增量配电网领域全新的商业模式［J］.中国投资，2017（3）：85.

[78] 刘薇. PPP模式理论阐释及其现实例证[J]. 改革, 2015 (1): 78-89.

[79] 彭桃花, 赖国锦. PPP模式的风险分析与对策[J]. 中国工程咨询, 2004 (7): 11-13.

[80] 柳璐, 王和杰, 程浩忠, 等. 基于全寿命周期成本的电力系统经济性评估方法[J]. 电力系统自动化, 2012, 36 (15): 45-50.

[81] 王绵斌, 谭忠富, 张丽英, 等. 市场环境下电网投资风险评估的集对分析方法[J]. 中国电机工程学报, 2010, 30 (19): 91-99.

[82] 叶泽. 当前我国输配电价改革成效、问题及对策[J]. 价格理论与实践, 2016 (2): 35-42.

[83] 白玫. 新一轮电力体制改革的目标、难点和路径选择[J]. 价格理论与实践, 2014 (7): 10-15.

[84] 张翼. 向新一轮"电改"要什么[J]. 广西电业, 2015 (3): 82-83.

[85] 冷松. 浅析新一轮电力体制改革背景下供电企业的发展应对策略[J]. 现代经济信息, 2015 (18): 87.

[86] 刘刚.《新一轮电力体制改革道路探索》[J]. 农村电工, v. 26; No. 303 (7): 66.

[87] 石全. 中国有序向社会资本放开配售电业务[J]. 广西电业, 2015 (3): 10-11.

[88] 郭伟. 有关负责人就推进实施新一轮电力体制改革答记者问[J]. 广西电业, 2015, No. 187 (11): 10-14.

[89] 朱成章. 电力体制改革的难度（下）[J]. 大众用电, 2016 (5): 3-4.

[90] 叶泽. 电力体制改革的共识[J]. 中国电力企业管理, 2014 (23): 56-61.

[91] 王娟. 加快建设循环经济, 推动电力企业绿色发展[J]. 科技视界 (7): 139.

[92] 王清刚, 董驰浩. 基于哈佛财务分析框架的绩效考评优化研究——以湖北电力公司为例[J]. 中国软科学, 2018 (8): 175-183.

[93] 伏开宝, 曾翔. 电力市场改革现状分析与政策建议[J]. 宏观经济管理, 2018, No. 409 (01): 51-56.

[94] 张玉婷, 付蓉. 输配电价改革对供电企业成本控制的影响[J]. 现代经济信息, 2018 (01): 201-202.

[95] 陈煜, 刘敦楠, 叶彬, 等. 输配电价改革环境下电网最大投资能力研究[J]. 水电能源科学, 2017 (12): 218-222.

[96] 黄宇航, 李长楚. 低碳经济下中国电力能源可持续发展研究[J]. 市场周刊, 2017 (6): 45-46.

[97] 曹建巍, 吴慈生, 张立刚. 基于多层视角的增量配电业务改革分析[J]. 宏观经济管理, 2019 (11): 81-84, 90.

[98] 张钦. 有关我国电价改革的几点探讨[J]. 能源技术经济, 2011, 23 (2): 20-26.

［99］张粒子. 我国输配电价改革中的机制建设和方法探索［J］. 价格理论与实践，2016（2）：29－31.

［100］张立刚，叶凯，王彦强. 混合所有制改革形势下增量配电公司组建策略［J］. 中国电力企业管理（上），2017，（3）：58－59.

［101］宋艺航，谭忠富，于超，等. 需求侧峰谷分时电价对供电公司购售电风险影响分析模型［J］. 电工技术学报，2010，25（11）：183－190.

［102］张晓萱，薛松，杨素，等. 售电侧市场放开国际经验及其启示［J］. 电力系统自动化，2016，40（9）：1－8.

［103］张显，王锡凡，陈皓勇，等. 电力市场中的双边合同［J］. 电力自动化设备，2003，23（11）：77－86.

［104］Zare K，Moghaddam M P，Eslami M K S E. Electricity procurement for large consumers based on information gap decision theory［J］. Energy Policy，2010，38（1）：234－242.

［105］Conejo A J，Fernandez－Gonzalez J J，Alguacil N. Energy procurement for large consumers in electricity markets［J］. IEE Proceedings Generation Transmission & Distribution，2005，152（3）：357－364.

［106］Bompard E，Huang T，Yang L. Market equilibrium under incomplete and imperfect information in bilateral electricity markets［J］. IEEE Trans. on Power System，2011，26（3）：1231－1240.

［107］郭兴磊，张宗益，亢娅丽，等. 基于 CVaR 模型的大用户直购电决策分析［J］. 电力系统保护与控制，2011，39（18）：32－37.

［108］Conejo A J，Carrion M. Risk－constrained electricity procurement for a large consumer［J］. IET Proceedings－Generation Transmission and Distribution，2006，153（4）：407－413.

［109］Rockafellar R T，Uryasev S. Conditional value－at－risk for general loss distributions［J］. Journal of Banking & Finance，2002，26（7）：1443－1471.

［110］Sniedovich M. A bird's view of info－gap decision theory［J］. Journal of Risk Finance，2010，11（3）：268－283.

［111］郑雅楠，李庚银，周明. 大用户模糊优化购电组合策略的研究［J］. 中国电机工程学报，2010，30（10）：98－104.

［112］罗琴，宋依群，徐剑，等. 基于 AHP－Logit 模型的竞争性售电公司决策研究［J］. 华东电力，2013，41（11）：2373－2377.

［113］周明，聂艳丽，李庚银，等. 电力市场下长期购电方案及风险评估［J］. 中国电机工

程学报，2006，26（6）：116－122.

[114] Rockafellar R T，Uryasev S. Optimization of Conditional Value－At－Risk [J]. Journal of Risk，1999，29（1）：1071－1074.

[115] Krokhmal P，Palmquist J，Uryasev S. Portfolio Optimization With Conditional Value－At－Risk Objective And Constraints [J]. Journal of Risk，2002，4：11－27.

[116] 雷霞，刘俊勇，杨可，等. 基于2层规划并计及风险的配电网最优购售电模型 [J]. 电力自动化设备，2008，28（12）：64－67.

[117] Ben－Haim Y. Info－gap decision theory：decisions under severe uncertainty [J]. Historia Mathematica，2001，3（4）：477－478.

[118] 张钦，王锡凡，王建学. 需求侧实时电价下供电商购售电风险决策 [J]. 电力系统自动化，2010，34（3）：22－27.

[119] 罗琴，宋依群. 售电市场环境下计及可中断负荷的营销策略 [J]. 电力系统自动化，2015，39（17）：134－139.

[120] 刘友波，刘俊勇，唐杰明. 计及需求侧电量电价弹性矩阵与风险的供电公司周市场购电优化决策模型 [J]. 电网技术，2008，32（18）：18－24.

[121] Beraldi P，Violi A，Scordino N，et al. Short－term electricity procurement：A rolling horizon stochastic programming approach [J]. Applied Mathematical Modelling，2011，35（8）：3980－3990.

[122] Balram P，Le A T，Bertlingtjernberg L. Stochastic programming based model of an electricity retailer considering uncertainty associated with electric vehicle charging [C]. European Energy Market（EEM），2013 10th International Conference on the IEEE，2013：1－8.

[123] Ghadikolaei H M，Tajik E，Aghaei J，et al. Integrated day－ahead and hour－ahead operation model of discos in retail electricity markets considering DGs and CO_2 emission penalty cost [J]. Applied Energy，2012，95（2）：174－185.

[124] 罗琴. 市场环境下售电公司购售电策略研究 [D]. 上海：上海交通大学，2014.

[125] 白杨，谢乐，夏清，等. 中国推进售电侧市场化的制度设计与建议 [J]. 电力系统自动化，2015，39（14）：1－7.

[126] 马莉，范孟华，郭磊，等. 国外电力市场最新发展动向及其启示 [J]. 电力系统自动化，2014，38（13）：1－9.

[127] ALBERTA G O. Enhancing the Retail Market for Electricity [DB/OL]. 2014.

[128] 陈政，王丽华，曾鸣，等．国内外售电侧改革背景下的电力需求侧管理 [J]．电力需求侧管理，2016，18（3）：62-64.

[129] 曾鸣，王冬容，陈贞．需求侧响应在电力零售市场中的应用 [J]．电力需求侧管理，2009，11（2）：8-11.

[130] 郭金伟，周渝慧．电力市场条件下供电公司最优购电问题研究 [J]．华东电力，2008，36（1）：64-66.

[131] 张国新，王蓓蓓．引入需求响应的电力市场运行研究及对我国电力市场改革的思考 [J]．电力自动化设备，2008，28（10）：28-33.

[132] Li S，Zhang D. Developing smart and real-time demand response mechanism for residential energy consumers [C]. Clemson University Power Systems Conference（PSC），2014：1-5.

[133] Mahmoudi N，Saha T K，Eghbal M. A new demand response scheme for electricity retailers [J]. Electric Power Systems Research，2014，108：144-152.

[134] 吴慈生，李兴国．从物质资本到知识资本——经济新常态下的创新驱动力思考 [J]．决策，2015（07）：112-114.

[135] 李晓，曹建巍，张立刚，等．PPP 模式在混合所有制配电公司组建中的应用研究 [J]．中国市场，2019，（4）：55-56.

[136] 黄李明，杨素，屠俊明，等．增量配电业务改革试点关键问题 [J]．中国电力，2017，第 50 卷（7）：1-4.

[137] 侯佳，吴志力，崔凯．放开增量配电 6 投资业务关键问题研究综述 [J]．电力建设，2017，第 38 卷（9）：127-131.

[138] 董文杰，田廓．增量配电业务改革条件下的电网精准投资策略 [J]．智慧电力，2018，46（12）：81-87.

[139] 马倩，王琛，李扬，等．增量配电业务放开下电网企业投资风险分析 [J]．电力建设，2017，第 38 卷（9）：139-144.

[140] 曾鸣．电力企业如何"混改" [J]．中国电力企业管理，2015（2）：18-20.

[141] Hare K，Conejo A J，CARRIion Theory. Decisions Under Severe Uncertainty [M]. second ed. Acadtricity market-dynamic consumption strategies and price coordination [J]. Energy，2000，25（9）：857-875.

[142] 张立刚，曹建巍，吴慈生．混合所有制公司的股权结构设计——基于增量配电公司的分析 [J]．中国商论，2019（20）：38-40.

[143] 中共中央，国务院.关于进一步深化电力体制改革的若干意见（中发〔2015〕9 号）〔Z〕. 2015.

[144] 国家能源局.关于印发《配电网建设改造行动计划（2015—2020 年）》的通知（国能电力〔2015〕290 号）〔Z〕. 2015.

[145] 国家发展改革委国家能源局.关于印发《售电公司准入与退出管理办法》和《有序放开配电网业务管理办法》的通知（发改经体〔2016〕2120 号）〔Z〕. 2016.

[146] 国家能源局.关于对拥有配电网运营权的售电公司颁发管理电力业务许可证（供电类）有关事项的通知（国能资质〔2016〕353 号）〔Z〕. 2016.

[147] 国家发改委.电力体制改革专题会议纪要（发改办经体〔2017〕1435 号）〔Z〕. 2017.

[148] 国家发展改革委.关于印发关于制定地方电网和增量配电网配电价格的指导意见（发改价格规〔2017〕2269 号）〔Z〕. 2017.

[149] 国家发展改革委国家能源局关于印发《增量配电业务配电区域划分实施办法（试行）》的通知（发改能源规〔2018〕424 号）〔Z〕. 2018.

[150] 国家能源局.关于简化优化许可条件、加快推进增量配电项目电力业务许可工作的通知（国能综通资质〔2018〕102 号）〔Z〕. 2018.

[151] 国家发展改革委国家能源局.关于规范开展增量配电业务改革试点的通知（发改经体〔2016〕2480 号）〔Z〕. 2016.

[152] 国家发展改革委国家能源局.关于规范开展第二批增量配电业务改革试点的通知（发改经体〔2017〕2010 号）〔Z〕. 2017.

[153] 国家发展改革委国家能源局.关于规范开展第三批增量配电业务改革试点的通知（发改经体〔2018〕604 号）〔Z〕. 2018.

[154] 国家发展改革委国家能源局.关于规范开展第三批增量配电业务改革试点的补充通知（发改经体〔2018〕956 号）〔Z〕. 2018.

[155] 国家发展改革委国家能源局.关于增量配电业务改革第一批试点项目进展情况的通报（发改经体〔2018〕1460 号）〔Z〕. 2018.

[156] 国家发展改革委国家能源局.关于进一步推进增量配电业务改革的通知（发改经体〔2019〕27 号）〔Z〕. 2018.

[157] 国家发展改革委办公厅国家能源局综合司关于印发《增量配电业务改革试点项目进展情况通报（第二期）》的通知（发改办体改〔2019〕375 号）〔Z〕. 2019.

[158] 国家发展改革委国家能源局.关于规范开展第四批增量配电业务改革试点的通知（发改经体〔2019〕1097 号）〔Z〕. 2019.

后　记

2015 年，党中央、国务院出台《9 号文件》，进一步推进电力体制改革。一年后，国家发展改革委公布增量配电业务第一批改革试点名单。国家电网有限公司，紧锣密鼓布置增量配电改革工作。作为改革启动较早的国网安徽省电力有限公司，与合肥工业大学联合组成课题组，开始探索混合所有制增量配电公司的组建。课题研究过程中，增量配电改革的进程逐步深入，国家政策和电网企业内部要求也在持续调整完善。

2016~2018 年，为增量配电改革的起步阶段，地方政府、社会主体、民营企业和电网企业对改革的诉求差异很大。部分地方政府拟通过增量配电改革，降低试点区域的电价，形成招商引资的电价优势。民营企业等社会主体拟通过增量配电改革，将资本与电网垄断属性充分融合，尝试获取可观的利润。电网企业拟通过高电压等级电网的接入优势，进一步扩大市场占有率，确保现行运营机制。

2018 年底，国家电网有限公司调整增量配电改革的主体思路，由提高市场占有率、确保每个试点项目的控股权，演变为"宜控则控、宜参则参、宜放则放"。12 月 25 日，国家电网有限公司召开新闻发布会，发布深化改革十大举措，其中之一是支持社会资本参与增量配电项目，认真落实并网服务责任。电网企业内部的"放管服"改革，将增量配电项目的可研、投资、公司组建等具体工作进一步下放到省级单位决策，精简管理流程，提升了改革效率。工作思路变化弱化了电网企业在改革进程中的推动作用，由地方政府承担起增量配电改革的主导和推进责任。

为加快推进增量配电改革进展，国家发展改革委对项目进展情况进行通报，尽管各方认识明显提高，工作力度加大，总体进展有所加快，但部分项目依然进展缓慢。截至 2019 年年初，第一批 106 个试点项目有 5 个建成投产，20 个开工建设。第二、第三批共 214 个项目，有 8 个开工建设，13 个取得电力业务许可证。在前三批中，国家电网有限公司所属单位参与仅有 47 个。从当前的数据看，增量配电改革进展相对较慢，既有试点区域缺乏短期利益支撑，即用电负荷较少甚至没有负荷，也有缺乏相关法律、价格支撑的情形。

复杂社会环境，增量配电改革必须整合方方面面的利益诉求，达成相对平衡，这是改革推进缓慢的重要原因。南美洲委内瑞拉、阿根廷短期接连发生大范围的停电故障，全社会电网"一张网"的属性，使得保障电网安全运行成为改革基础，也验证了深化电力体制改革的艰巨性。

本书以国家电网安徽省电力有限公司为依托，研究增量配电混合所有制改革政策、组建与案例，旨在为混合所有制公司组建、运营与治理提供政策依据和有益指导。通过研究，主要结论与意义如下：

（1）为增量配电混合所有制改革提供政策支持。通过文献综述发现，新一轮电力体制改革背景下增量配电混合所有制改革的政策研究相对较少。政策指导实践，解读政策是有效实践的基础和前提，研究增量配电改革和混合所有制改革政策已成为新一轮电力体制改革研究的重要课题。本书在增量配电混合所有制改革理论方面的探索研究有：① 描述电力体制改革环境，并为国家电网战略选择提供建议；② 解读混合所有制改革和电力体制改革（重点是增量配电业务），并为国家电网政策执行提出建议。通过上述研究在一定程度上将丰富增量配电混合所有制改革的政策研究，对增量配电混合所有制改革提供政策支持。

（2）为混合所有制增量配电公司组建提供实践指导。组建混合所有制配电公司，是增量配电改革的实现方式。代表国有资本的电网企业应积极执行国家政策，吸引社会资本参与，共同组建混合所有制配电公司，推动增量配电业务的混合所有制改革。本书在混合所有制增量配电公司组建方面的探索研究有：① 归纳混合所有制改革的实现路径，并为国家电网有限公司提供最佳路径建议；② 分析混合所有制改革不同利益方的博弈及平衡方案；③ 提供混合所有制配电公司的治理方案，包括投资方选择、股权设计、治理结构、运营模式、商业模式、管控模式、退出管理，并分析每种模式利弊和适用条件，为混合所有制配电公司组建提供选择建议；④ 提出混合所有制配电公司的价值评估方案；⑤ 基于风险管控的流程，识别混合所有制改革的常规风险，分析混合所有制改革风险评价方法，提出混合所有制改革的风险控制对策。通过上述研究，涵盖了混合所有制配电公司组建的基本问题，回应了混合所有制配电公司组建的现实关切，在一定程度上将为增量配电改革增量配电项目改革落地提供有益指导。

（3）为打造增量配电改革示范项目提供参考借鉴。一方面在对前海供电混合所有制改革的动因、进程、成果分析的基础上，提出混合所有制改革工作借鉴经验；另一方面以国家首批增量配电改革项目——安徽省宁国经开区河沥园区为案例研究对象，河沥园区项目的基本情况及发展历程、公司治理、业务模式、主要问题、管理建议、经验启示等进行了较为深入、全面地研究，旨在为进一步加强河沥园区项目管理、助推河沥园区项目发展提供决策参考，建议国网安徽省电力有限公司将河沥园区项目打造为安徽省，乃至全国增量配电改革的示范项目，为其他增量配电改革试点项目提供示范借鉴。

　　推进增量配电改革的主要目的，就是不影响现有大电网安全性的前提下，通过独立的配电区域运营，摸清配电业务的所需成本和配电价格，为独立核算输电和配电价格奠定基础。增量配电公司作为独立于国家电网营业区域的供电单位，其组建成功，背后是地方政府、电网企业、民营企业等社会主体多方利益博弈的结果。《混合所有制增量配电公司：政策、组建与案例》这本书，正是在上述背景下，基于改革初期政府和电网企业内部改革氛围完成的。限于作者能力水平和知识面，对增量配电改革的研究还有待完善，今后的研究拟从增量配电价格核定、增量配电公司盈利模式、供电服务保底责任、社会资本退出等角度进一步深入探讨电力体制改革与发展的现实课题。